보수와 진보의 정신분석

차례
Contents

서언: 보수와 진보의 갈등은 합리적인가?

21세기에 있어서 보수(conservatism)와 급진(radicalism) 혹은 혁명(revolution)의 논쟁은 중요한 의미를 갖지 않는다는 것이 일반적인 견해이다. 공산주의의 패배로 인해 공산혁명 이론은 그 실효성을 상실했으며, 세계는 지금 자유민주주의 이념을 바탕으로 한 시장경제 이론이 그 주류를 이루고 있기 때문이다. 이미 1960년 대 초반에 다니엘 벨(Daniel Bell)에 의한 『이념의 종언(The End of Ideology)』[1]이 예견되었던 것은 다 아는 바이다. 그리고 근 30여 년이 지난 뒤 헤겔(G.W.F. Hegel)의 '변증법적 역사발전' 이론에 근거하여 국제 질서를 분석하고 있는 프랜시스 후쿠야마(Francis Fukuyama)는 그의 논문 「역사의 종언?(The End of History?)」[2]을 통하여 바야흐로 이념의 시대를 넘어 자유민주주의에로의 역사적 마지막 발전 단계를 논의하였다. 물론 역사의 마지막 단계로서 자유민주주의에로의 이념적 통합이 인간 사회에 있어서 더 이상의 이념 논쟁을 상실시키고 있는가 하는 문제는 또 하나의 커다란 철학적 질문이 되고 있는 것은 사실이다.3) 그러나 현실적으로 공산 혁명 이론이 더 이상 유효한 의미를 갖지 못하는 21세기에 있어서, 보수로 인식되는 자유민주주의와 급진으로 인식되는 공산주의 간의 논쟁이 의미 없게 된 것 또한 사실이다. 물론 이러한 해석은 급진 혹은 혁명이라는 용어를 보수의 상대어로 이해했을 경우에 유효한 것이다.

그런데 현재 우리 사회에서는 지난 10여 년간 보수와 진보라는 이름으로 사회의 모든 분야에서 심한 갈등을 겪고 있다. 특히 서구와는 달리 보수의 상대어로 급진이나 혁명이라는 용어가 아닌 진보라는 용어가 사용되고 있는 것도 특기할 만한 일이다. 단순히 한자의 뜻으로만 보면 보수(保守)는 '보호하고 지킨다'라는 의미이며 진보(進步)는 '앞으로 나아간다'라는 의미이다. 그런데 한국 사회에 있어서 보수와 진보의 논쟁은 단어가 주는 의미 이상의 복잡성을 가지고 있기에 그 핵심을 이해하기가 사뭇 혼란스러운 것을 부인할 수 없다. 특히 보수와 급진 혁명의 논쟁이 서구 사회에서 유래된 것이고 보면 한국 사회에서 보수와 진보의 의미는 더욱 혼란을 가져오게 한다.

따라서 필자는 한국 사회에서 일어나고 있는 보수와 진보의 갈등을 보면서 각 개념이 주는 모호성을 떨칠 수가 없고, 또 이러한 애매한 개념을 가지고 양측이 갈등하는 것이 과연 무엇을 위한 것인가에 대한 많은 의문을 가졌다. 뿐만 아니라 이러한 갈등이 합리적으로 진행되고 있는가에 대한 구체적 분석이 필요하다고 느꼈다. 인간 사회에 있어서 갈등은 불가피하다. 그리고 헤겔의 주장대로 갈등은 사회 발전의 원동력이 될 수도 있다. 그러나 그 갈등은 때로는 합리성을 상실하는 경우가 종종 있기 마련이다. 특히 갈등의 기본 논리가 약하거나 그 목적이 애매할 때는 더욱 그렇다. 그리고 그 갈등이 퇴행적(regressive) 양태를 보인다면 그것은 사회 발전에 도움이 되지 못할 뿐 아니라, 오히려 사회 통합의 에너지를 소진시키고 민주주의의 질서를 파괴하는 요인이 된다.

이 글은 위의 문제를 염두에 두고 과연 한국 사회에 있어서 보수와 진보의 갈등이 합리적으로 진행되고 있는가에 대한 답을 찾는 데 그 초점을 두고 있다. 따라서 먼저 서구 사회에서 시작된 보수와 급진 간 갈등의 특징을 논하고, 한국 사회에서는 왜 급진 대신 진보라는 용어가 사용되었는지를 살피면서 보수와 진보의 참 의미를 재정리하려고 한다. 또한 정신분석학을 이용하여 인간의 무의식적인 본능 속에 자리하고 있는 '현상 유지 욕망'과 '현실 변화 욕망'을 통해 나타난 사회경제적인 점진적 변화 욕구와 급진적 변화 욕구의 속성을 보다 본질적으로 설명하려고 한다. 이는 보수와 진보에 대한 철학적 해석은 물론 정신분석학적인 해석의 기초를 제공하게 될 것이다. 그리고 이념의 갈등이 사라진 21세기에 와서도 계속되는 사회 변화의 속도에 대한 또 다른 갈등을 해석하는 유효한 틀이 되기도 할 것이다.

물론 논의를 전개해 가는 데 있어서 공산혁명 이론에는 반대를 하면서도 사회주의적 목표를 실현하려는 서유럽 수정주의(revisionism)의 논리를 설명하고 한국 사회에 있어서 진보가 의미하는 수정주의적 성향도 논의할 것이다. 그리고 자유주의 체제하에서 개인의 자유와 공익 혹은 평등의 가치 충돌도 함께 논의함으로써 이 시대의 정책적 갈등도 함께 지적할 것이다.

이러한 논의를 바탕으로 21세기 한국 사회에 있어서 보수와 진보의 특성을 구체적으로 분류하여 그 정책적 지향점에 따른 의미를 설명할 것이다. 나아가서 한국 사회에서 보수와 진보가 가지고 있는 콤플렉스와 그 갈등의 퇴행성, 그리고 보수와 진보의 한국어적 뉘앙스로 인해 야기되는 의미의 애매성과 모순성도 지적하고자 한다. 뿐만 아니라 한국의 보수와 진보 간의 갈등이 가져오는 퇴행성의 원인을 한국인의 집단무의식을 분석함으로써 보다 명쾌히 밝혀 보려고 한다. 이와 관련하여 필자가 평소에 연구하고 있는 한국적 오이디푸스 콤플렉스의 특별한 양상에 기인하는 권위의 부정, 그리고 한국의 문화 및 역사적 전통 속에서 얻어진 집단무의식 속에 내재되어 있는 행동의 양극 현상과 애매성이 가져오는 폐해를 지적할 것이다.

이러한 논의가 이루어지면 자연히 21세기에 있어서 한국 사회의 보수와 진보 간 논쟁에 대한 현실적 의미와 문제점이 보다 명쾌히 밝혀지리라고 믿는다. 그리고 보수와 진보의 갈등이 가져오는 퇴행성을 해결할 수 있는 실마리도 찾으리라고 본다. 또한 글을 마무리하면서 필자가 나름대로 생각하고 있는 보수와 진보의 퇴행적 갈등을 해결하는 방법을 제시할 것이다.

보수와 급진의 의미와 구호

보수와 급진의 변화

보수와 혁명(혹은 급진)의 갈등은 서구 사회에서 왕권 수호와 새로운 국민 주권을 부르짖는 자유주의를 향한 혁명에서 유래되었다. 국민이 주인이 되는 자유주의를 향한 열망이 1789년 드디어 프랑스 혁명을 일으켰지만, 민중은 프랑스 왕권 타도라는 명분에 도취되어 무질서한 상태가 되고 말았다. 이때 영국의 에드먼드 버크(Edmond Burke)는 『프랑스 혁명에 대한 성찰(Reflections on the Revolution in France)』이라는 저서를 통해 인간 사회에는 역사 속에서 쌓아 온 보존하고 지켜야 할 가치들이 있음을 주장하였다.[4] 당시 버크는 무질서한 프랑스 혁명이 영국으로 번지는 것을 우려한 나머지, 프랑스 혁명을 국가를 경영할 수 있는 능력을 갖지 못한 폭도들이 책임도 없이 왕권을 무너뜨리려는 비합리적 행위로 인식하고 인간이 지켜야 할 명예나 전통을 강조하면서 보수(conservatism)라는 용어를 사용하였다.

이때부터 보수란 현실을 유지하려는 정치적 논리의 용어로 사용되었다. 그리고 급진이란 현실을 파괴하고 새로운 현실을 구사하려는 혁명 세력에게 부쳐진 이름이 되었다. 당시 현상으로 보면 왕권을 수호하려는 세력이 보수로 불렸으며, 시민의 자유를 강조하여 왕권을 무너뜨리려는 자유주의 혁명 세력에게는 급진이라는 이름표가 붙었다. 다시 말하면 보수와 그 상대어로서 급진의 의미는 특정 이념의 구체적 내용을 의미 한다기보다는, 현실을 지키느냐 아니면 무너뜨리느냐의 기준에 따라 부쳐진 이름이었다고 할 수 있다.

역사의 반동적 작용은 언제나 있는 것인가? 아무튼 버크의 프랑스 혁명에 대한 일종의 비판이, 프랑스 혁명이 자유주의를 향한 혁명임에도 불구하고, 나폴레옹(Napoleon) 황제의 등장을 허락하였는지 모른다. 그러나 결국 자유주의는 시대의 대세가 되어 서구에서는 차례로 군주의 시대가 종식되고 소위 근대 자유주의(liberalism) 국가들이 새롭게 등장하였다.

그런데 자본주의(capitalism)에 근거한 유럽의 근대 국가들은 19세기 말 또 하나의 커다란 도전을 받게 된다. 그것은 바로 마르크스(Karl Marx)의 공산주의(communism) 실현을 위한 혁명

사상이다. 마르크스는 군주를 무너뜨리고 성립된 자유주의가 민권의 향상을 가져온 것은 사실이지만, 자유주의의 근거가 되는 자본주의는 소수 자본가들의 이익을 극대화할 뿐, 수많은 무산대중은 한없는 자본가의 착취로 인해 인간다운 삶을 살지 못한다는 인식을 가졌다. 그래서 역사의 마지막 발전 단계로서 계급 없는 사회 건설을 위한 공산혁명론을 부르짖었던 것이다. 이러한 상황에서 자유주의 체제의 기득권 세력은 공산혁명을 통한 사회의 변혁을 두려워하여 자연히 보수적 성향을 가지게 되었으며, 새로운 사회 건설을 부르짖은 사회주의 혹은 공산주의의 혁명 세력에게는 급진이라는 이름표가 붙게 되었다. 이는 바로 보수와 급진이라는 용어가 '현실 유지냐 아니면 현실 변화냐'라는 기준에 따라 부쳐진 명칭임을 다시 한 번 확인시켜 주는 것이다.

혁명과 개혁의 구호

19세기 말 공산혁명의 슬로건이야말로 무산대중을 흥분시키기에 충분하였다. 계급 없는 사회(classless society)에서 '능력만큼 일하고 원하는 만큼 가지는 것'이야말로 자본주의하에서 착취당하는 사람들의 꿈이었기 때문이었다. 이에 혁명을 부정한 기득권 세력들은 혁명 세력의 미래에 대한 약속에 대항하기 위하여 그들 나름대로 자신들도 변화를 통하여 민중에게 보다 나은 삶을 보장한다는 말을 하지 않을 수 없게 되었다. 이리하여 등장된 것이 바로 '개혁(reform)'이라는 용어이다.

한마디로 개혁이란 용어는 보수 세력이 혁명 세력의 위협에서 벗어나기 위한 대안으로서 사용한 것이다. 정치학에서 격언처럼 이해되는 "혁명의 위험이 없이는 개혁도 없다."라는 말은 이러한 상황에서 유래되었다고 할 수 있다. 얼핏 보면 개혁이란 혁명 세력이 사용하는 용어인 것 같으나, 그 근본을 따지고 보면 혁명에 대한 상대어로 사용된 것이다.

이러한 의미에서 칼 포퍼(Karl Popper)의 점진적 개혁(piecemeal social engineering) 이론은 대표적인 보수주의적 접근이라고 할 수 있다. 포퍼는 플라톤(Platon)이나 마르크스의 절대적 혹은 궁극적 설명(ultimate explanation)은 그 무서운 도그마(dogma) 혹은 전체주의(totalitarianism)를 불러일으킬 수 있으므로 궁극적 설명 대신 시행착오(trial and errors)를 통한 점진적 개혁을 강조하고 있다.5) 점진적 개혁을 원하는 이유는 바로 급작스러운 혁명적 변화가 가져올 예기치 못한 위험을 방지하기 위한 것이다. 다시 말하면 자연과학과는 다르게 사회의 변화는 실험이 불가함으로 혁명적 변화보다는 작은 분야에서 새로운 정책을 시행해 보고 문제가 발생하면 다시 고침으로써 점진적으로 사회를 개혁해 가야 한다는 것이다. 이러한 포퍼의 이론을 비판적 합리주의(critical rationalism)라고 부른다.6)

급작스러운 변화를 강조하는 혁명 이론의 환상성을 비판하고 있는 보수·개혁론자들에 대하여, 혁명론자들은 역사의 진리를 강조하면서 정의로운 사회 건설을 위한 혁명의 불가피성을 강조한다. 공산혁명론자들은 역사는 진보(progress)하는 것이기에 결국 인간은 이성을 통하여 역사의 마지막 발전 단계를 이루어 낼 수 있다는 강력한 신념을 가지고 혁명의 불가피성을 강조한다.

결국 보수 세력이 개혁이라는 개념을 주장한 이후 보수주의와 급진주의 사이에 야기된 사회 변화에 대한 방법적 논쟁은 '개혁이냐 아니면 혁명이냐?'라는 논쟁으로 요약되었다고 할 수 있다. 한편 보수적 개혁을 주장한 자유주의자(liberalist)의 상대 개념으로 공산주의 혁명론자들은 근본주의자(fundamentalist)로 묘사되기도 한다. 이러한 분류는 혁명의 위협을 느낀 자유주의자들이 개혁을 주장한 것에 반해 공산혁명주의자들은 단순한 개혁보다는 근본적인 변화를 주장하였기 때문이다. 따라서 정치 이론에 있어서 보수·개혁의 논리는 표면적 치료(cosmetic healing)로, 급진·혁명의 논리는 외과적 수술(surgical operation)로 비유되기도 한다.

보수·개혁과 급진·혁명의 논리는 미식축구(American football)의 전술과 연관시켜 보면 더 쉽게 이해될 수도 있다. 예를 들면 쿼터백(quarterback)이 전방의 자기편 선수에게 긴 패스로 공을 던지면 한 번에 많은 거리를 전진할 수 있는 장점이 있다. 이러한 식의 전술을 소위 패스 플레이(passing play)라고 한다. 그러나 이러한 패스 플레이는 실패의 확률이 높다. 특히 패스한 공이 상대방에게 뺏기게 되면 매우 위험하다. 바로 역습을 받을 수 있기 때문이다. 이러한 위험성을 줄이기 위해서 러닝백(running back)이 쿼터백에게서 볼을 전달받아 상대 진영으로 뛰는 플레이를 생각할 수 있는데 이를 러닝 플레이(running play)라고 한다. 러닝 플레이는 한 번에 긴 거리를 가기는 어렵지만 공격 실패의 위험성을 줄이는 방법이라고 할 수 있다. 실제로 패스 플레이와 러닝 플레이는 미식축구(American football)의 양대 전술로 널리 알려져 있다. 이러한 전술들은 사회 변화에 있어서 보수·개혁 이론 그리고 급진·혁명 이론과 매우 흡사하다고 할 수 있다. 즉, 러닝 플레이는 보수·개혁적 방법으로, 패스 플레이는 급진·혁명적 방법으로 비유될 수 있는 것이다.

보수와 급진의 정신분석적 의미

자아이상과 초자아 간의 갈등

지금까지 설명한 보수·개혁과 급진·혁명의 갈등 구조는 정신분석학에서 논의되고 있는 무의식의 양대 갈등 논리로도 쉽게 설명될 수 있다. 주지하는 바와 같이 초기 프로이트(S. Freud)의 '본능이론(drive theory)'은 본능을 너무 강조하였다는 비판을 받게 되고 이에 따라 본능에 대한 외부의 영향력을 강조하는 '대인정신분석학(interpersonal psychoanalysis)'이 고개를 들었는데, 이러한 입장에 있는 학자들을 우리는 흔히 신프로이트학파(neo-freudian school)라고 부른다.7) 그러나 결국 인간의 무의식이란 본능만도 아니요, 외부의 영향만도 아니며 자아가 외부의 대상(object)을 향하여 나타내는 감정 그리고 외부의 대상으로부터 받는 감응, 이 두 가지 요소에 의하여 형성된다는 주장이 나오게 되었다. 즉, 인간의 무의식이란 자아와 외부 사이의 내사(introjection)와 투사(projection)의 동적 양상에 의해 형성된다는 것이다. 이러한 이론이 바로 영국의 정신분석학자인 멜라니 클라인(Melanie Klein)을 중심으로 연구된 '대상관계이론(object relation theory)'이다.8) 대상관계이론은 현대 정신분석학의 주류를 차지하고 있다.

대상관계이론에 따르면 인간의 무의식 내에는 자아가 원하는 대로 가려는 자아이상(ego ideal)과 자아를 억제하려는 초자아(superego)라는 두 개의 욕구가 대칭하고 있다고 한다. 여기에는 약간의 설명이 필요하다. 1950년대『프로이트 심리학의 핵심(A Prime of Freudian Psychology)』을 써서 우리나라에 널리 알려진 캘빈 홀(Calvin Hall)은 자아이상과 초자아를 대칭적으로 이해하지 않고 있기 때문이다. 그는 자아이상을 초자아의 하부 개념으로 이해하여 초자아에는 양심(conscience)과 자아이상의 두 가지 요소가 있다고 한 것이다. 즉, 자아이상은 도덕적으로 좋다고 생각하는 요소이며, 양심이란 도덕적으로 나쁘다고 생각하여 나타나는 무의식적 반응이라고 설명하고 있다.9)

그러나 캘빈 홀의 이러한 해석은 대상관계이론을 따르는 많은 학자들이 부정하고 있다. 알렉산더 미처리히(Alexander Mitscherlich)는 그의 유명한 저서『아버지 없는 사회(Society without Father)』에서 초자아는 사회적 규제의 반응으로부터 나온 무의식적 욕망이며, 자아이상이란 말 그대로 자아의 만족을 향한 무의식적 욕망이라고 말하고 있다.10) 특히 『자아이상(The Ego Ideal)』이라는 명저를 남긴 프랑스 정신분석학자인 샤스귀에르 스미젤(Janine Chasseguert-Smirgel)은 자아이상과 초자아의 대칭성을 분명히 지적하고 있다. 그에 따르면 자아이상은 말 그대로 자아의 이상을 추구하는 욕망인데 그 핵심은 인간이 막 태어났을 때 아무런 근심이 없었던 소위 원초적 자아도취의 완전성(primary narcissistic perfection)으로 돌아가려는 욕망이며, 초자아란 오이디푸스 콤플렉스(oedipus complex)를 통하여 형성된 자아를 억제하려는 욕망이라고 단적으로 말하고 있다.11) 한마디로 말하면 자아이상이란 현실을 벗어난 이상 혹은 기쁨의 원리(pleasure principle)를 따르려는 욕망이며, 초자아란 자아이상을 억제하면서 현실의 원리(reality principle)를 따르려는 욕망인 것이다. 이러한 논리로 인하여 필자는 초자아(superego)를 '자아억제'라는 용어로 대신하기도 한다.

이러한 주장에 있어서 현실을 따른다 함은 현실을 수용하면서 자아의 안정을 취하려는 욕망을 말하며, 이상이나 기쁨의 원리를 따른다 함은 현실을 부정하거나 혹은 의식하지 않은 채 자아이상이 원하는 대로 행동하려는 욕망을 말한다고 할 수 있다. 이러한 두 개의 무의식적 욕망이 인간에게 자리하는 한 인간은 현실에 순응하려는 욕망과 현실을 부정하고 새로운 변화를 추구하려는 욕망이 끊임없이 갈등하고 있다고 해도 과언은 아니다.

현실에 순응한다는 것은 현실에 위협을 느끼지 않거나 현실 그 자체에 별 불만이 없을 때 나타나는 감정이므로 자연히 현실을 지키려는 그리고 변화를 두려워하는 보수적 (donservative)인 태도임에 틀림없다. 그리고 현실을 부정하려는 욕망은 현실 그 자체에 불만이 있거나 혹은 현실을 넘어선 이상을 따르려는 감정이므로 보수의 대칭적 용어인 혁명적 (revolutional)인 태도라고 해석해도 무리가 없을 것이다. 따라서 보수와 급진이라는 사회적 갈등은 인간 내부의 무의식적인 동적 양상이 정치·사회적으로 표출된 것이라고 말할 수 있는 것이다.

자아이상과 초자아의 발달경로

사회 변화에 대한 보수·개혁과 급진·혁명에 관한 논리는 정신분석학에 있어서 자아이상과 초자아의 갈등을 통한 두 가지의 자아 발달 경로와도 비교될 수 있다. 샤스귀에르 스미젤에 의하면 자아의 무의식적 변화 과정은 크게 두 가지가 있는데 하나는 점진적인 길(evolutionary route)이며 다른 하나는 최단 혹은 급진적인 길(shortest route)이다.12) 점진적인 길이란 자아이상이 초자아가 요구하는 현실의 원리를 일부 받아들이면서 그 이상을 실현하려는 무의식적 활동을 의미하며, 급진적인 길이란 자아이상이 초자아가 따르려는 현실의 원리를 완전히 무시하고 이상 및 기쁨의 원리만을 추구하려는 무의식적 상태를 의미한다.

이러한 해석을 구체적으로 설명해 보면 다음과 같다.13) 정신분석적으로 보면 막 태어난 어린아이는 어머니가 자기의 사랑의 대상이다. 그러나 점점 자라면서 자기 어머니의 사랑의 대상은 자기가 아니라 아버지란 것을 느끼게 된다. 프로이트에 따르면 이것이 바로 인간이 경험한 최초의 좌절이다. 이 말은 소위 오이디팔(oedipal) 기간을 거치면서 어린아이가 현실을 느끼게 된다는 것이다. 이때 자아는 두 개의 길 중 하나를 선택해야 하는 입장에 서게 된다.

그 하나는 자아이상이 현실을 받아들이면서 후일을 기다리는 점진적인 길을 택하는 경우이다. 즉, 나도 아버지처럼 어른이 되어 어머니 같은 사랑의 대상을 만나리라는 것이다. 이러한 마음속에는 아버지에 대항하여 아버지를 미워하고 어머니를 계속 자기의 사랑의 대상으로 여길 때 얻어질 현실적 형벌에 대한 두려움까지도 내포되어 있다. 소위 프로이트가 말하는 오이디팔 기간 중에 얻어질 수 있는 거세(castration)의 두려움은 이를 두고 한 말이다. 이는 초자아가 자아이상보다 더 활발히 작동되고 있을 때의 현상이다. 다른 하나의 길은 자아이상이 현실의 의미를 인정하지 않음으로써 초자아의 억제를 무시한 채 원하는 대로 달려가려는 급진적인 길을 택하는 경우이다. 이는 나는 이미 어머니를 사랑의 대상으로 맞을 만큼 성숙했다는 환상을 가질 때 가능하다. 이 경우 아버지는 사랑의 라이벌로 이해된다. 이러한 현상은 초자아에 비해 자아이상이 훨씬 활발히 작동할 때 야기된다. 알다시피 이러한 자아이상과 초자아의 갈등이 오이디푸스 콤플렉스의 핵심이다. 이러한 오이디푸스 콤플렉스를 통해서 자아는 아버지처럼 자라서 어머니 같은 사랑의 대상을 찾으려는 점진적인 길을 택하거나, 아니면 아버지의 존재(현실적 의미)를 받아들이지 않으면서 급진적인 길을 택하게 되는 것이다.

사회 현상도 마찬가지로 해석할 수 있다. 아버지에 대한 두려움 때문에 자아를 억제하는 초자아가 강해지듯이 현실 속에서 변화에 대한 두려움을 가진 사람들은 점진적 변화만을 수용할 뿐이다. 이러한 심리 속에는 급진적 변화는 지금의 자기 조건이 만족할 만한 것은 아니라 하더라도 이를 더 불리하게 만들 수도 있다는 두려움이 존재한다. 이는 바로 보수·개혁 세력들의 일반적 심리 상태라고 해도 무방할 것이다. 그러나 현실을 완전히 부정하게 되면, 두려움 없이 자기의 이상이 원하는 대로 가게 된다. 즉, 변화에 대한 두려움이 없어진다. 이러한 마음에는 어떠한 변화라도 지금보다는 더 나아질 수 있다는 기대(expectation) 혹은 희망의 심리가 존재한다. 이는 급진·혁명 세력이 가지고 있는 심리의 바탕이라고 말할 수 있다. 급진적인 길에는 이미 나의 이상을 실현할 수 있다는 믿음과 자기의 생각이 옳다는 환상성이 있듯이, 급진·혁명 세력들은 어떠한 현실적 위험에도 불구하고 자기들이 원하는 혁명을 이룰 수 있다는 강력한 자신감과 혁명만이 유일한 길이라는 믿음을 동반하고 있음은 두말할 나위가 없다. 혁명의 결과에 대한 믿음이 없이는 혁명 그 자체의 동력은 사라지고 말 것이다.

정신분석학에서 자아가 급진적인 길을 택하면 자칫 비정상적인 정신 상태를 유발한다고 본다. 왜냐하면 정신분석학에서 정상과 비정상을 구별하는 기준의 하나가 현실성과 환상성이기 때문이다. 소위 정치적 폭력도 이러한 환상성을 동반하는 경우가 많다.14) 물론 환상이란 꼭 퇴행성(regressive)만을 의미하지는 않는다. 왜냐하면 환상은 희망을 통한 창조적 요소도 동반하고 있기 때문이다. 예를 들면 과학적 발명이나 예술적 창의력은 환상에 기초할 수도 있기 때문이다. 그러나 종합적으로 위의 해석은 포퍼가 급진·혁명에 대해 환상성과 도그마의 위험을 지적하고, 이에 반해 급진·혁명가들은 역사의 진리와 혁명을 통한 정의 사회 구현이라는 희망을 주장하고 있다는 점과 매우 흡사하다. 따라서 보수·개혁과 급진·혁명은 정신분석학적으로 자아의 발달 과정에서의 점진적인 길과 급진적인 길로 비교 설명될 수 있는 것이다.

추가하여 지적할 것이 한 가지 있는데 이는 샤스귀에르 스미젤의 양분적 의미가 가져오는 단편성이다. 그는 자아이상이 초자아와 원만한 타협을 이루는 점진적인 길과 자아이상이 초자아를 완전히 집어 삼키게 되는 급진적인 길로 양분하였다. 이러한 분류는 무의식의 동적 양상을 보다 대칭적으로 명확하게 하기 위한 기본적 이론이라고 할 수 있다. 그러나 좀 더 구체적으로 살펴보면 여기에도 정도의 차이에 따른 다양한 행동 양상이 존재할 수 있다. 즉, 자아이상이 초자아에게 상당 부분 제압당하면 변화에 대한 인식이 거의 작동하지 않게 되며, 자아이상이 초자아를 제압하더라도 완전한 제압이 아닐 때는 환상에 근거한 비현실적 행위는 일부 자제될 수 있다는 말이다. 이러한 무의식의 동적 양상이 다양한 형태를 가질 수 있다는 것을 이해하면 사회 변화에 대한 다양한 목소리를 자아이상과 초자아의 갈등적 구조로 이해하는 데 보다 효과적일 것이다. 다만 대상관계이론에서는 자아이상은 보다 원초적인 것으로, 초자아는 오이디팔 기간에 형성된 것으로 보고 있기 때문에 자아이상은 초자아를 완전히 제압할 수 있지만 초자아는 자아이상을 완전히 제압할 수 없다는 점이 주장되고 있음을 알 필요가 있다.

현대 사회에 있어서 급진·혁명 세력의 변화

유럽의 수정주의와 한국의 진보

19세기 유럽 사회에 큰 충격으로 다가온 세계 공산주의 운동은 시간이 경과하면서 하나의 변화가 일어났다. 즉, 혁명만이 공산주의를 실현하는 유일한 방법이라고 믿는 혁명주의자와는 달리, 자유주의 체제하에서도 적극적인 정치 참여를 통해 사회주의적 이념을 실현할 수 있다는 비혁명주의자들이 출현한 것이다. 이들의 노선을 소위 '수정주의(revisionism)'라고 부른다.

1840년대 이후 마르크스의 혁명 이론은 유럽 사회에 있어서 강력한 호소력을 지니고 있었다. 그러나 19세기 말에 이르러 영국을 위시한 선진 자본주의 국가들의 경제 호전, 자유민주주의 제도에 보통선거 제도의 도입, 사회복지정책의 확대 및 노동조합의 활성화 등은 마르크스주의자들이 주장하는 혁명의 불가피성에 의문을 제기하게 만들었다. 이러한 혁명 회의론에 대한 이론을 제공한 사람은 독일의 에두아르트 베른슈타인(Eduard Bernstein)이었다.

베른슈타인은 당시 유럽의 자본주의를 분석하면서 마르크스가 예언한 자본주의의 붕괴가 실제로 어렵다는 사실을 지적하고 마르크스의 혁명 이론에 반기를 들었다. 특히 그는 마르크스의 혁명 이론은 유토피아(utopia)적이라고 설명하면서 사회주의자들은 부르주아 사회(bourgeois society)를 대신하여 무산자 사회(proletarian society)를 건설할 것이 아니라 보편적인 시민 사회(society of universal citizenship)를 건설해야 한다고 주장하였다.15) 베른슈타인은 한마디로 프롤레타리아(proletariat)의 혁명 독재를 비판하면서 민주적이며 점진적인 사회 개혁을 통하여 사회주의의 목표에 도달해야 함을 역설한 것이다. 물론 이러한 베른슈타인의 주장은 마르크스의 공산주의 이론에 대한 도전으로 받아들여져 많은 공산혁명주의자들에 의해 비판을 받기도 하였다. 그러나 당시 독일의 사회민주당은 베른슈타인의 이론에 많은 영향을 받았으며, 오늘날 자유민주주의 체제하에서 서유럽에 존재하고 있는 사회주의 정당들이 베른슈타인이 주장한 수정주의의 후예들이라는 것을 부정할 사람은 없을 것이다.

따지고 보면 한국 사회에서 진보라는 용어는 바로 앞서 지적한 수정주의적 흐름을 인식한 상태에서 논의하는 것이 타당하다. 실제로 서구 정치철학에서 보수의 상대어로서 진보(progress)라는 용어는 생소하기 때문이다. 그런데 누가 우리 사회에서 진보라는 용어를 제일 먼저 사용하였으며, 그 진정한 의미가 무엇으로 이해되어 사용되기 시작하였는지는 애매하다. 다만 우리 사회에서 진보라는 의미는 공산혁명을 주장하는 것은 아니고 자유민주주의 체제하에서 적극적인 정치 참여를 통해 사회주의 이념을 실현해 보자는 정도의 의미로 이해되고 있다고 생각된다. 다시 말하면 한국의 진보란 서구의 수정주의와 그 맥을 같이한다고도 볼 수 있다.

그런데 서구의 수정주의적 입장을 우리 사회에서는 왜 생소한 진보라는 용어로 대용하였는가? 그 근거는 사회주의 혹은 공산주의의 역사관에서 찾을 수 있다. 주지하는 바와 같이 공산주의자들은 역사란 계속하여 발전(development) 내지 진보(progress)한다고 믿고 있다. 헤겔의 역사철학에 근거한 마르크스의 혁명론은 바로 역사의 마지막 발전 단계로 계급 없는 사회를 언급하였고, 인간은 그 목표를 향하여 공산혁명을 필연적으로 수행해야 한다고 주장하고 있기 때문이다. 따라서 공산주의 혹은 사회주의자들의 역사관을 '진보사관'이라고 부르고 있다.

이러한 이유로 인하여 해방 후 우리 사회에서 북한의 혁명 노선에는 반대하지만 자본주의의 문제점들을 해결하기 위한 수단으로서 사회주의적 정책들을 제시하고 이를 의회를 통하여 확대해 가려는 세력에게 '진보'라는 이름이 붙여진 것이 아닌가 생각된다. 진보란 혁명은 아니지만 사회주의의 진보사관을 추종하는 세력이라는 의미로 해석될 수 있을 것이기 때문이다. 그 대표적인 예는 1956년 창당된 '진보당'이라고 할 수 있다. 진보당을 실질적으로 이끌었던 조봉암은 1925년 조선공산당 창립에 참여하였으나 1946년 "노동 계급의 독재와 자본 계급의 전제를 모두 반대"한다는 주장 아래 공산당을 비판하면서 대한민국의 건국에 참여하여 제헌의원에 당선되었고 초대 농림부장관까지 역임하였다.16)

그러면 유럽의 수정주의적 개혁과 우리 사회의 진보적 개혁, 그리고 자유주의 체제하에서 보수의 개혁과는 무엇이 다르단 말인가? 적어도 급진·혁명이 아닌 바에는 모두가 점진적 개혁론자들이라고 말할 수밖에 없다. 다만 보수의 개혁은 자유주의적 개혁을 의미하며, 진보의 개혁은 사회주의적 개혁을 의미하는 것일 테니 이념적 성향상의 대칭성을 나타낸다고 할 수 있다. 여기에 굳이 한 마디를 첨가한다면 수정주의나 한국의 진보적 개혁은 자유주의적인 체제하에서는 자유주의적인 보수·개혁보다 그 강도나 속도가 강하게 느껴질 수밖에 없다는 사실이다. 왜냐하면 자유주의 체제하에서 사회주의를 향한 개혁은 그 체감적 의미가 자유주의를 지향하는 보수·개혁보다 훨씬 클 것이기 때문이다. 따라서 보수·개혁의 상대어로 '진보·혁신'이라는 용어를 사용할 수도 있다고 본다. 즉, '혁신'이라는 용어가 '개혁'보다는 속도나 강도에 있어서 조금 더 강한 것으로 인식될 수 있기 때문이다.

강도와 속도에 있어서 보수·개혁의 상대어로 진보·혁신이라는 용어를 사용한다면 이 또한 정신분석학에 있어서 점진적인 길과 급진적인 길에 관한 이론을 적용할 수 있다. 즉 자유주의 체제하에서 보수·개혁은 점진적인 길로, 그리고 진보·혁신은 급진적인 길로 묘사될 수 있다. 왜냐하면 정신분석학에서 인간 자아의 발달 경로란 결국 현실 인식에 대한 차이로 말미암아 자아이상과 초자아 사이에 존재하는 변화의 강도 및 속도에 따른 갈등에서 유래된 것이기 때문이다.

자유주의 체제하에서 개인의 자유와 공익의 갈등

공산혁명의 위협이 사라진 21세기에 있어서 '자유주의의 목표 달성이냐 아니면 수정주의에 근거한 사회주의적 목표 추구냐'라는 문제는 '현대 미국의 자유주의 내에서 개인의 자유 강조냐 아니면 공동체의 공익 강조냐'라는 문제로도 재해석 될 수 있다. 이는 바로 자유주의가 가지고 있는 개인의 자유와 공익(혹은 평등)이라는 양대 가치의 균형에 관한 문제이기 때문이다. 조금 더 철학적으로 말하면 칸트(I. Kant)가 지적하고 있는 개인의 권리 강조 이론과 헤겔이 주장하는 사회적 공동체의 공익 강조 이론이 아직까지 현대 자유주의 내에서 갈등하고 있다고 말할 수 있다.

우리는 일반적으로 자유주의 내에서 칸트의 개인적 자유 혹은 권리를 강조하는 이론을 '권리에 기초된 자유주의(right-based liberalism)'라고 부른다. 그리고 헤겔의 공동체 강조 이론을 '공동체주의(communitarianism)'라고 부른다. 또한 공동체의 공익 강조와 연결되어 평등의 가치를 존중하는 이론을 '평등주의적 자유주의(egalitarian liberalism)'라고 말할 수 있다.

소위 현대 자유주의자들 중 일부는 공적인 이익 추구를 내세우는 공리주의(utilitarianism)란 칸트가 지적한 대로 각 개인의 차별성을 제대로 인식하지 못하고 있다고 비판하면서 전체의 행복이라는 목적 추구보다는 각 개인이 가지고 있는 그 자신의 목적 추구를 존중해야 한다고 주장하고 있다.[17] 한마디로 한 공동체는 하나의 개인으로 이해될 수는 없기 때문에 그 공동체 내의 각 개인이 가지고 있는 차별성이 강조되어야 하는 것이 진정한 자유주의의 목표라는 의미이다. 좀 더 강하게 말하면, 국가나 사회의 이익을 위하여 개인의 자유가 침해되어서는 안 된다는 의미까지를 내포하고 있는 것이 권리에 기초한 자유주의적 사고라고 할 수 있다. 요즈음 흔히 이야기하는 시장주의도 알고 보면 모든 것을 시장의 자율성에 맡긴다는 의미이니 개인의 권리를 강조한 자유주의적 사고와 깊은 연관성을 갖고 있는 것이다. 한마디로 개인의 권리를 강조하는 쪽에서는 정부가 공익을 내세워 여러 가지 규제 정책을 만들려고 하면 경우에 따라서는 개인의 자유를 억압한다는 논리를 내세워 반대의 목소리를 낼 수 있는 것이다.

우리가 잘 아는 존 롤스(John Rawls)도 그의 유명한 저서 『정의론(Theory of Justice)』에서 "전체 사회의 복지 문제도 개인의 권리를 무시할 수는 없는 것이며 정의적 입장에서 보호되고 있는 개인의 권리는 정치적 거래나 사회적 이익에 의해 계산될 수 없는 것"이라고 말하고 있다.18) 소위 개인의 권리를 강조하는 자유주의자들은 선(good)의 문제를 하나의 가치문제로 전도하면서 사회적 문제를 해결하려고 한 것이다. 즉, 자유주의는 공동체의 복지나 선을 극대화하는 것이 그 마지막 목적이 아니고 개인이나 집단이 그들 자신의 가치를 자신의 의지에 따라 선택하도록 하는 데 그 핵심이 있음을 강조한다고 볼 수 있다.

이에 반하여 헤겔의 주장을 받아들이는 편에서는 칸트적인 개인의 권리 주장을 반박하면서 선보다 우선된 개인의 권리 주장에 의문을 제기하고 있다. 즉, 그들은 플라톤(Platon)이나 아리스토텔레스(Aristoteles) 등이 주장하는 인간의 선 혹은 목적(end) 추구의 고전적인 이론에 근거하여 공동적인 목적 없이 정치적 행위를 하는 것은 생각할 수 없는 일이라고 주장하고 있는 것이다.19) 구체적으로 이들은 현대 사회에서 개인의 자유 혹은 권리 강조에 따른 공동체적인 선 혹은 목적이 상실되고 있음을 안타까워 하고 있다고 할 수 있다.

한나 아렌트(Hannah Arendt)도 그의 저서 『인간의 조건(The Human Condition)』에서 인간은 사회적 동물이기에 우리의 공적 생활이 시들고 공적인 의미가 사라지는 한 전체주의적인 해결에 근거한 대중 정치의 취약성으로부터 벗어나기가 어렵다고 말하고 있다.[20] 이는 전체주의도 깊이 따지고 보면 바로 소수 독재자가 사회적 공익성을 무시하고 허위적 국가지상주의를 내세워 국민을 호도하는 현상이라는 의미까지를 동반하고 있다고 할 수 있다.

이러한 공동체 강조 사상은 공익이 개인의 권리나 자유보다 우선될 수 있음을 말하고 있기에 정책 면에 있어서도 당연히 사회복지를 강조하게 된다. 또한 개인의 자유 확대로 인하여 야기될 수 있는 사회적, 정치적 혹은 경제적 불평등에 관한 문제를 사회적 공익 차원에서 줄이려는 정책을 선호할 수밖에 없다. 이렇게 보면 공동체 주의야말로 사회주의적 평등 이론과도 일련의 연관성을 가지고 있다고 봐도 과언은 아닌 것이다.

따라서 현대 자유주의 체제 내에서 개인의 권리 강조냐 아니면 공익 강조냐 하는 문제는 이념적으로 우파 혹은 좌파적 의미로도 해석될 수 있다. 물론 자유주의 내에서의 공동체 주의는 근본적으로 자유주의적 가치를 존중하면서 다만 그 해석에 있어서 공익을 강조한다는 의미이기 때문에 수정주의적 입장과 연결된다고 하더라도 사회주의와는 그 의미가 사뭇 다르다고 하겠다. 그러나 공동체주의가 헤겔의 이론에 근거를 두고 있는 한 사회주의적 이념과 완전히 분리될 수는 없기에, 21세기 자유민주주의 체제 내에서 개인의 권리 강조와 공익의 강조는 이념적으로 우리 사회의 보수와 진보 간의 갈등과도 일맥상통한다고 할 수 있다.

한국 사회에 있어서 보수와 진보의 특성

정치경제적 이념 성향

지난 100여 년간에 걸친 자유민주주의와 공산주의의 대결은 1991년 소련 연방의 해체로 인해 실질적으로 종지부를 찍었다. 그럼에도 불구하고 자유민주주의 체제하에서 좌파와 우파의 대결은 계속되고 있다. 아직도 칸트와 헤겔의 주장이 유효하며, 사후 125년이 지난 마르크스의 이론도 지금까지 그 명맥을 유지하고 있다. 이는 인간의 무의식 속에 자아이상이 있는 한 환상일지라도 이념적 꿈을 버릴 수 없기 때문이다. 또 한편으로는 인간의 사회생활 속에서 개인의 자유와 평등, 그리고 공익의 가치들은 서로 조화를 이루기가 매우 어렵다는 사실에 기인한다고 할 수도 있다. 따라서 개인의 자유가 우선이냐 아니면 사회의 공익 혹은 평등이 우선이냐 하는 문제는 21세기 자유민주주의 체제하에서도 정책 논쟁의 핵심을 이루고 있는 것이다.

자유민주주의는 경제적으로 시장주의를 근거로 하고 있다. 이는 바로 각 인간의 능력에 따라 시장이 활성화되는 것이야말로 한 국가의 경제적 부를 가져다주는 원천이라는 믿음 때문이다. 특히 국가에 의한 계획경제에 근거를 두고 있던 사회주의 혹은 공산주의 국가들이 모두 경제발전에 실패하였다는 역사적 사실로 인해 시장경제론은 더 크게 그 위력을 발휘하게 된 것이다. 그러나 시장경제론이 경제적 번영의 효율성에만 초점을 맞추고 있는 한 형평성에 관한 문제는 끊임없이 제기될 수밖에 없다.[21] 이러한 형평성의 문제가 바로 분배 강조의 경제 정책이 주장되는 근거이기도 하다. 따라서 현대 시장주의를 근간으로 하는 자유민주주의 체제하에서도 분배의 문제는 정책적 중요 이슈가 될 수밖에 없다. 한편 시장주의 신봉자들은 경제적 성장이 있어야 분배도 가능하다는 주장을 앞세워 선성장후분배론을 내세우기도 한다.

우리는 일반적으로 경제 정책에 있어서 성장을 강조하는 사람들을 우파라고 부르고 분배를 강조하는 사람들을 좌파라고 부르는데, 이는 바로 자유민주주의와 사회주의 혹은 공산주의적 대결에서 얻어진 하나의 상징 때문일 것이다. 그렇다면 한국 사회에 있어서 보수와 진보의 경제적 시각차는 대개는 서구의 전통과 일치한다고 할 수 있다. 왜냐하면 서구에서 시장경제를 근간으로 하고 있는 자유민주주의가 성립된 이래 이들 정권들에게는 보수라는 이름표가 붙었기 때문이다. 그리고 공산혁명 세력 혹은 수정주의적 사회주의를 주장하는 세력들을 좌파라고 부른다는 사실을 상기하면 적어도 경제 정책 면에서 한국의 진보는 보수의 대칭어가 될 수 있다.

이에 덧붙여 혼합경제(mixed economy) 이론도 한번 논의할 필요가 있다. 즉, 시장주의의 효율성 강조가 가져오는 형평성의 침해 문제와 계획경제의 형평성 강조가 초래하는 효율성의 저하 문제를 조화시키려는 노력으로 나타난 이론이 혼합경제이론이기 때문이다. 혼합경제란 모든 경제 활동을 시장에 맡기되 필요에 따라 정부가 개입하여 소득의 재분배를 통해 형평성을 유지시킨다는 것이니 성장과 동시에 분배의 문제를 함께 고려하는 이론이라고 할 수 있다.22) 혼합경제란 말 그대로 속칭 우파와 좌파의 경제 정책을 혼합한 이론이기 때문에 중도적 입장이라고 부를 수 있다. 좌파의 이념에다 개인의 독립성과 자발적 질서를 강조하는 신자유주의23)적 요소를 접목한 앤서니 기든스(Anthony Giddens)의 『제 3의 길 (The Third Way)』24)이 그 대표적인 예라고 할 수 있다.

이러한 중도적 입장을 염두에 두고 보면 현재 우리사회에서 '중도 보수' 혹은 '중도 진보'라는 용어의 출현에 대한 의미를 애매하지만 짐작할 수도 있다. 즉, 성장을 강조하지만 분배도 고려하고 있다는 입장이 중도 보수라고 할 수 있으며, 분배를 강조하지만 성장 그 자체를 반대하지도 않는다는 입장이 중도 진보로 해석될 수 있기 때문이다. 그렇다면 중도 보수와 중도 진보의 명쾌한 차이는 무엇인가? 적어도 논리적으로는 그 차이가 애매하다. 그럼에도 불구하고 보수나 진보라는 용어에 중도라는 단어를 억지로 붙이는 것은 정치적 파벌을 구별하는 수사적 의미에 불과하다고 할 수밖에 없을 것 같다.

세계화와 반세계화

제2차 세계대전을 통한 냉전의 시기가 끝남으로써 자유주의냐 공산주의냐 하는 이념의 갈등이 사라진 현 시점에서 정보기술의 발달은 지구 전체를 급속히 하나의 커뮤니티로 변화시키고 말았다. 즉, 프랜시스 후쿠야마가 그의 논문 「역사의 종언?」에서 지적한 바와 같이 자본주의에 근거한 자유민주주의 체제로의 통합적 변화 속에서 국가 간의 경제적, 과학·기술적, 그리고 사회·문화적 교류와 영향력은 유례를 찾아 볼 수 없을 만큼 높아졌는데 이러한 현상을 이른바 지구화(globalization) 혹은 세계화라고 말하고 있다.

근대화 과정에 있어서 선발주자들인 서구 산업 국가들은 자원 확보를 위한 식민지 정책을 통해 부를 축적했고, 이후 식민지 통치가 더 이상 유효하지 않자 기술 우위를 통해 세계 시장을 지배해 왔다. 그러나 자국의 임금 인상과 환경 문제 등이 야기되자 소위 개발도상국으로의 점진적 기술 이전을 통해 그 경제적 우위를 확보하려고 하였다. 바꾸어 말하면 선진국(특히 미국)들은 무공해 고급 기술만을 확보한 채 일반화된 기술은 개발도상국으로 이전하고 개발도상국들 간에 경쟁을 붙여 보다 싼 값으로 생필품을 제공받고 고급 기술의 독점을 통해 부를 확대하였다는 것이다. 그러나 시간이 흐름에 따라 개발도상국들도 그들 나름대로 기술 이전을 통한 부가 축적되었고 이에 근거하여 새로운 기술 개발이 이루어지자 선진국에 수출하는 생필품의 값을 올리기 시작하였다. 또 한편으로는 '경제권의 블록화'를 통해 선진국의 최선두에 있는 미국의 경제적 영향력을 축소하려는 노력을 보이기도 하였다.[25]

이러한 후발 국가들의 움직임은 선진국들, 특히 미국의 고급 기술을 통한 세계 경제 장악 시도에 적신호를 올렸다. 따라서 미국을 위시한 선진국들은 그들이 보유하고 있는 보다 고급화된 기술에만 유효한 환경 규제 등의 기준을 세워 개발도상국의 상품 수출에 제동을 걸기도 하였다. 그러다 결국은 세계무역기구(WTO)를 통해 각국의 무역 장벽을 낮추고 특혜나 차별 대우를 폐지하자는 방향으로 그 경제 정책을 변환하였으니 이것이 바로 세계화의 기초가 된 것이라고 볼 수 있다. 자본을 축적하고 고급 기술을 확보하고 있는 선진국들의 입장에서 보면 무역 장벽의 철폐나 자본의 자유로운 국가 간

이동이야말로 개발도상국들의 경제적 영향력을 축소시키고 그들의 영향력을 지속하거나 확대시키는 방법이라고 믿었기 때문이다.

따라서 이러한 세계화의 흐름 속에서 각 국가들은 그들의 생존 및 번영을 위한 정책적 전략을 세울 수밖에 없는데, 이 과정에서도 두 개의 큰 흐름이 나타나게 되었다. 그 하나는 세계화의 흐름 속에서 개방을 국가 발전의 동력으로 삼으려는 세계화 지지 정책과 다른 하나는 세계화 전략이야말로 선진국들의 이익만을 대변한다는 비판 아래 세계화 그 자체를 반대하는 정책이라고 할 수 있다.

세계화 정책의 장점을 주장하는 입장에서는 우물 안의 개구리 식으로 개방을 부정만 할 것이 아니라 상품의 질과 생산성을 향상시킴으로써 세계화의 흐름에 정면으로 도전하는 것이야말로 지구촌화되어 가는 세계의 시장 경쟁에서 낙오되지 않는 길이라는 점을 강조하고 있다.26) 이들은 물론 교육 및 의식의 수준도 선진국화되어야 함을 함께 강조하고 있다. 한마디로 개방을 통해 세계무대에서 자국의 정치·경제적 그리고 사회·문화적 경쟁력을 향상시키자는 전략인 것이다. 이러한 주장 속에는 비록 세계화가 선진국들이 그들의 영향력 확대를 위해 나타난 흐름이라 할지라도, 이를 부정하여 고립되기 보다는 과감한 개방 정책을 통해 정면으로 세계화의 흐름을 타는 것이야말로 선진국 대열에 합류하는 현실적인 대안이라는 믿음이 깔려 있다.

이에 반하여 세계화를 반대하는 입장은 앞서 언급한 대로 선진국 주도의 세계화 전략이야말로 강대국 중심의 세계 질서 재편을 위한 위선적 이론이라는 점을 강조한다. 경제적 구조의 본질적 취약성을 지니고 있는 후진국 혹은 개발도상국들은 세계화의 흐름 속에서 결코 경쟁력을 확보할 수 없다는 것이다. 2001년도 노벨경제학 수상자이며 세계은행(IBRD) 부총재를 역임한 조지프 스티글리츠(Joseph E. Stiglitz)의 『세계화와 그 불만(Globalization and Its Discontents)』이라는 저서는 이러한 세계화의 폐해를 잘 설명해 주고 있다. 그는 특히 IMF 그리고 세계은행 등 세계화의 핵심에 자리하고 있는 세계기구들이 보이고 있는 선진국 위주의 편향성을 지적하고 세계화 자체보다는 세계화의 운영 방식이 선진국 위주에서 벗어나야 한다고 주장하고 있다.[27]

그러면 한국의 보수와 진보는 세계화에 대해 어떤 입장을 가지고 있는가? 주지하는 바와 같이 보수 세력들은 대개가 세계화 전략에 찬성을 보내고 있다. 한나라당을 중심으로 보수 세력들은 모든 국가들과 자유무역협정(FTA)을 체결하는 데 찬성을 하고 있다. 그러나 민주노동당을 중심으로 한 진보 세력들은 이를 달갑게 생각하고 있지 않은 것 같은데, 특히 미국과의 FTA 협정에는 많은 반대를 하고 있다. 물론 아이러니하게 진보 정권이라고 불리었던 노무현 정부에서 미국과의 FTA가 논의된 것을 보면 세계화 문제만으로 보수와 진보의 영역을 구별하는 것은 문제가 있다고 할 수도 있다.

그러나 일반적으로 보수를 시장주의 찬성으로 보면 시장주의와 연결되고 있는 세계화는 보수의 찬성을 불러일으킬 수 있다. 그리고 시장만능주의를 비판하는 진보의 입장에서 보면 세계화는 달갑지 않은 정책일 수도 있다. 특히 한국의 진보 세력들이 강대국의 제국주의적 침탈에 크게 반대하고 있다는 점을 감안하면 강대국 위주의 세계화 정책이 달갑지 않을 것이다.

이러한 문제는 국가 이익이 무엇이냐는 질문으로도 연결된다. 현재 한국의 보수나 진보는 모두 국가 이익을 최우선으로 하고 있다고 주장하고 있다. 다만 어떻게 하는 것이 국가의 이익을 확대하느냐는 방법적인 면에서 차이가 있다고 말할 수 있다. 즉, 보수는 적극적인 세계화의 참여야 말로 21세기에 대세가 되어 버린 세계화 시대를 맞아 국가 이익을 극대화시키는 일이라고 보고 있다. 반면에 진보는 무분별한 개방은 한국의 중소기업과 특히 농수산업의 생존 자체를 위협하므로 진정한 국가 이익을 훼손하는 것이라고 보고 있다. 이는 소위 국제 정치에 있어서 자국의 이익을 위해 '연합(association)'할 것인가 아니면 '분리(dissociation)'할 것이냐는 논쟁과 비교되어 설명될 수도 있다. 연합이란 말 그대로 여러 나라들과 연합하여 자국의 이익을 극대화하자는 것이며, 분리 혹은 고립 정책은 경우에 따라서 연합보다는 자국의 주체성을 보다 강화하는 것이 국익에 도움이 된다는 주장이라고 할 수 있기 때문이다. 따지고 보면 이러한 논쟁은 무엇이 보다 국익에 효과적인가라는 질문에서 출발된 것이라기보다는 본질적으로 세상에 대한 철학적 인식과 무엇을 위해 변화해야 하는가라는 이유의 차이에 기인된 것이라고 할 수 있다.

대북정책에 관한 견해

우리 사회에서 통일을 반대하는 사람은 없을 것이다. 그런데도 통일과 관련하여 북한을 대하는 태도나 이에 따른 대북정책에는 크게 두 가지의 견해와 정책이 서로 논쟁을 벌이고 있다. 그 하나는 소위 햇볕정책이며, 다른 하나는 속칭 상호주의라는 입장이라고 할 수 있다.

사실 남북 분단 이래 남북은 제2차 세계대전 이후의 국제적인 냉전적 구조와 맞물려 서로 갈등과 긴장의 관계를 유지해 왔다. 서로가 서로의 체제를 인정하지 않은 채 남한은 북한 공산 체제의 붕괴를 통한 자유주의적 민족통일을 지향하여 왔고, 북한은 한반도의 적화통일이라는 목표를 바꾸지 않고 있다. 이러한 대결 구도 속에서 나타난 햇볕정책이란 북한의 의도적인 도발에도 유연하게 대처하여 우선 남북 간에 대화의 창을 넓혀가자는 정책이다. 물론 이러한 정책이 현실적으로 거론되게 된 데에는 남한의 월등한 경제적 우위의 힘이 작용하여 북과의 대화의 창을 넓히면 넓힐수록 남한 정부의 우월성이 인식된다는 의미가 깔려 있다고 할 수 있다. 한마디로 북과의 대화의 폭이 넓어지고 문호가 보다 개방되면 민족의 동질성이 자연스럽게 회복되면서 북한 정부도 공산주의의 폐쇄성으로는 더 이상 정권을 유지할 수 없다는 것을 점차 깨닫게 되어 부드러운 민족통일의 길이 열릴 수 있다는 이론이다.

그러나 이에 반대하는 입장에서는 햇볕정책은 북한 체제의 속성을 제대로 인식하지 못한 데서 출발한 정책이라고 비판하고 있다. 즉, 북한은 김일성과 김정일 부자의 독재 체제로서 아직까지 적화통일의 망상을 버리지 않고 있기 때문에 남한으로부터의 경제적 도움은 그 실질적 혜택이 굶주리는 북한의 주민에 돌아가는 것이 아니라 오히려 북한의 군비 강화 및 김정일 체제의 강화에만 사용될 것이라고 주장하고 있다. 따라서 이러한 주장은 남한에서 경제적 원조를 할 때에는 그에 상응하는 평화의 대가를 요구해야 한다는 것이므로 상호주의라고 할 수 있는 것이다.

두 개의 정책적 논란은 미국을 보는 시각으로까지 연결되고 있다. 햇볕정책 지지자들은 민족의 문제는 우리 스스로 해결해야 하므로 오직 직접 당사자인 남북의 대화가 최우선임을 내세우고 있다. 그러나 상호주의 지지자들은 남북문제는 우리 민족 문제이지만 국제 정치의 복잡한 갈등 구조와도 연결되어 있으므로 한미동맹의 기초 위에서 남한의 국방을 강화시키면서 북한과의 대화도 병행해야 한다는 논리를 가지고 있다. 따지고 보면 햇볕정책 지지자들은 외부 세력의 개입을 반대하는 편이며, 상호주의를 지지하는 사람들은 한미동맹의 중요성을 역설하고 있다고도 볼 수 있다.

　이러한 입장을 염두에 두고 보면 한국의 보수 세력들은 대개가 상호주의적 입장을 유지하고 있으며, 진보 세력들은 햇볕정책을 지지하는 입장이라고 할 수 있다. 이러한 배경에는 일반적인 좌파와 우파의 논쟁적 의미도 일부 숨겨져 있음을 지적하지 않을 수 없다. 구체적으로 설명하면 한국의 진보가 수정주의적 사회주의 정책에 보다 호의적일 수 있기에 북한 정권 자체를 보는 시각이 사회주의적 가치를 소홀히 하는 보수 세력과는 거리가 있을 수 있다는 것이다. 물론 한국의 진보 세력도 대다수는 김정일 독재 체제를 순수한 사회주의 정권이라고 보지는 않을 것이다. 그러나 사회주의적 가치 그 자체를 부정하지 않는 한 형식상이라 하더라도 사회주의의 목표를 설정하고 있는 북한 정권에 대해서 한국의 보수 세력보다는 상대적으로 관대할 수 있다. 한편 한국의 보수 세력들은 북한의 김정일 정권에 대한 신뢰가 약하기 때문에 자유민주주의의 수호 그리고 자유민주주의를 바탕으로 한 통일을 강조하고 있는 것이라고 볼 수 있다.

　하지만 이러한 분류에도 불구하고 한국의 보수 세력도 민족의 동질성과 민족 간의 화해 자체를 부정하는 것이 아니라면, 햇볕정책에 대한 찬성이 민족 강조 그리고 상호주의가 외세 의존이라는 극단적인 구별은 설득력을 갖지 못할 수도 있다. 햇볕정책 지지자들이 모두가 한미동맹의 중요성을 완전히 부정하고 있지는 않다는 점에서도 더욱 그렇다. 그렇다면 한국의 보수는 무조건 햇볕정책을 극구 반대하고 진보는 모두 상호주의를 극구 반대한다고 한마디로 결론 내릴 수는 없는 것이 아닌가?

한국적 보수와 진보의 퇴행성

보수와 진보의 콤플렉스

대한민국은 북한의 공산혁명 이론에 반대하여 수립된 국가이다. 때문에 자연히 공산혁명의 반대 세력인 자유민주주의 세력이 정권의 핵심에 있을 수밖에 없었다. 즉 서구적인 분류로 보면 보수 세력이 주류를 이루고 있다고 해도 과언은 아니다. 물론 해방 이후 공산혁명은 아닐지라도 서구의 사회민주주의적 이념을 가진 진보 세력도 존재하였으나 그들은 언제나 소수로서 제 역할을 하지 못하였다.

그러나 한국의 역사는 자유민주주의를 제대로 꽃피우지 못하고 불행하게도 군사 독재라는 사생아적 체제를 만들고 말았다. 그리고 군사 독재 체제는 민주주의 확립과 공산주의 타도라는 슬로건 아래 마치 자기들이 민주주의의 수호자인 것처럼 주장하면서 반공을 제일의 가치로 내걸고 그들의 정체성을 확보하고자 하였다. 이에 반해 군사 정권의 정당성을 비판하는 세력들은 민주주의 가치를 강조하면서 반공은 받아들이지만 군사 독재만은 안 된다는 주장을 내세우며 군사 정권에 도전하고 나섰다. 이러한 상황에서 한국의 정치 세력들은 모두가 자유민주주의를 강조하는 서구의 보수적 입장에 있으면서도 군사 정권 유지 세력과 군사 정권의 종식을 강조하는 민주주의 세력으로 양분되었다. 한마디로 진정한 의미의 보수와 진보의 대결은 구체화되지 못했다.

이러한 정치 세력의 갈등은 불행히도 후일 보수와 진보의 갈등에 양측 모두 커다란 콤플렉스를 안겨 주고 말았다. 군사 독재 세력은 그들의 정권 유지를 위해 그들에게 저항하는 민주 세력을 좌익 세력으로 매도해 왔다. 이로 인해 민주 세력들이 친북좌파로 매도되어 곤혹을 치른 예는 수없이 많다. 어느 면으로 군사 독재 정권 이전에도 집권 세력에 반대하는 사람들이 가끔 좌익 세력의 동조자로 매도되기도 하였다. 1959년 진보당의 조봉암을 간첩죄로 기소하여 사형을 집행한 사건도 논란의 여지는 있지만 정치적으로 크게 보면 그 한 예라고 말할 수 있다.[28] 이러한 일들은 한반도의 분단 속에서 이루어진 정치적 갈등이 가져다준 비극일 것이다. 이와는 반대로 군사 정권이 종식되고 문민정부가 수립되자 이제는 군사 독재에 억눌렸던 민주 세력들이 그 이전 군사 독재 정부에 참여한 인사들을 수구반동 세력으로 비판하게 된 것이다.

이처럼 정치적 갈등 속에서 상대 세력들을 비판하는 입장은 한반도의 분단 상황과 얽혀서 '수구반동' 혹은 '친북좌파'라는 무서운 정치적 낙인을 찍게 만들었으니, 이것이 바로 지금까지 보수와 진보의 합리적 갈등을 저해하여 왔다고 할 수 있다. 즉, 경제에 있어서 성장을 강조하면 그 반대 세력에 의해 수구반동이라는 낙인찍히기 쉬운데, 이는 바로 군사 독재 체제가 대기업 육성을 통한 경제발전 정책을 강조하였기 때문이다. 또한 성장보다는 분배가 우선이라고 하면, 이는 좌파적 냄새가 난다고 하여 그 반대 세력에 의해 친북좌파라는 낙인이 찍히기도 한다. 대북 정책에 있어서도 햇볕정책을 지지하면 친북좌파로, 이를 반대하고 상호주의를 강조하면 수구반동 혹은 친미종속주의자, 그리고 반통일분자로까지 매도되기도 한다. 과거의 정치적 갈등에서 빚어진 잘못된 공격적 발언에 양측 모두가 상처를 입고 있는 꼴이다. 세계화에 대한 갈등에서도 마찬가지이다. 세계화를 찬성하면 민족의 주체성을 상실한 반민족주의자 등으로 매도되기 쉬우며, 세계화를 반대하면 냉엄한 국제 질서와 현실을 무시한 이상주의자 혹은 맹목적 국수주의자 등으로 격하되어 온 측면이 적지 않았다.

위와 같은 잘못된 정치 투쟁의 역사 속에서 오늘날 한국의 보수라는 용어는 군사 독재의 협조자라는 의미로 확대 해석될 수 있는 콤플렉스를 수반하고 있으며, 진보라는 용어는 친북좌파로 확대 해석될 수 있는 콤플렉스를 동반하고 있게 된 것이다. 한마디로 현대 한국 사회에 있어서 보수와 진보의 구별은 개인의 자유 강조이냐 아니면 공익 혹은 평등 강조이냐는 자유민주주의 체제 속에서의 정책적 갈등만으로는 해결될 수 없는 무의식적인 콤플렉스까지를 동반함으로써 그 순수한 구별의 한계가 왜곡되고 있는 것이다. 이러한 콤플렉스는 '중도 보수' 혹은 '중도 진보' 그리고 '합리적 보수' 혹은 '건전한 진보'라는 애매한 용어를 출현시키기까지 했다. 너무 한쪽만을 강조하면 매도될 수 있다는 두려움을 갖고 있기 때문이다.

현재 우리 사회에서 군사 독재를 정당화하는 수구반동 세력은 거의 없을 것이다. 사대주의적 반민족주의자도 없고, 공산혁명의 당위성을 강조하는 세력도 없을 것이다. 만약 있다면 우리는 그들에게 과감히 수구반동 혹은 친북좌파라는 이름표를 붙여 사회에서 퇴출시켜야 한다. 이러한 세력들이 없는 한 현재 우리 사회의 보수와 진보에 대한 논쟁은 자유민주주의 아래에서 개인의 권리나 자유의 강조냐 아니면 공익과 평등의 강조냐 하는 점에서 건전하게 이루어져야 한다. 그래야만 그 논쟁들이 21세기의 현실 변화에 맞게 국가 발전에 기여하게 될 것이다.

문제가 있었다면 지금까지 한국의 진보 세력들은 일부 "통일이나 민족 등과 같은 거대담론"에 치우쳐 "대중을 오만하게 '계몽'하려 했던 운동권식" 태도를 보임으로써 서구의 사회민주주의적인 입장에서 주장된 "재분배형, 복지형 국가로 전환하는 청사진"을 구체적으로 제시하지 못한 점이라고 할 수 있다.[29] 그리고 군사 독재에 기생하여 자기의 정치적 이익을 추구하여 온 일부 보수 세력들이 군사 독재가 사라진 후에도 반성의 기미를 보이지 않고 오히려 군사 정권하에서 경제적 발전의 성과만을 부각시킴으로써 자기의 과거 행동을 변명만 하는 사례도 있어 왔다. 때문에 경제적 성장 이론이 그 순수성을 훼손하기도 하였다. 이러한 이유가 상대방에 대한 비합리적 덮어씌우기 식의 마구잡이 비판을 부채질하였는지도 모른다. 그러나 지금이야말로 상대 정치 세력을 비방하기 위하여 군사 독재를 떠올리게 하는 수구반동이나 냉전적 의미를 내포한 친북좌파의 딱지를 붙이는 시대착오적인 퇴행성은 버려져야 한다.

반대를 위한 반대

한국의 정당 구조가 출발부터 이념보다는 인물 중심으로 형성되어 왔음은 주지의 사실이다. 특히 군부가 정권을 장악한 뒤로 여당은 실세인 대통령 한 사람의 눈치 보기에 급급하였고, 야당도 민주 세력이라는 이름으로 그 정당성을 주장하였지만 김대중 계열과 김영삼 계열로 나뉘어 서로 갈등 구조를 형성하고 있었다. 그리고 신군부의 등장으로 인해 김종 필이 새로운 또 하나의 야당 지도자로 부상함으로써 이후 한 국 정치는 3김의 절대적 영향을 받고 말았다.

이러한 현실 속에서 한국 정당들은 각기 다른 간판을 걸고 있었지만 정책적 기조는 거의 유사하였으니 실제로는 3김 대 통령 만들기에만 온 힘을 집중시켜 온 것이다. 그리고 각 정당의 당원들은 정신분석적 입장에서 볼 때 집단의 퇴행성 을 연구한 바이온(W.R. Bion)이 지적한 '종속적 집단(dependent group)'30)의 퇴행성을 보이고 말았다. 즉, 당원의 자아이상이 지도자와 연결됨으로써 당원의 꿈 자체가 이념보다는 자기가 지지하는 지도자로 귀결되어 지도자에 대한 맹종만을 일삼았 다. 더욱 심하게 말하면 다수의 정치인들은 지도자를 이상으 로 삼은 척 하면서도 실제는 정당을 통해 지도자에게 잘 보 여 자기의 정치적 출세를 도모하려는 사적 이해에만 골몰하 였다고 볼 수 있다. 이러한 현실 속에서 한국의 정당 구조는 보수와 진보라는 두 개의 부류로 나뉠 수가 없었다.

다행히도 10여 년 전에 창립된 민주노동당은 나름대로 자 기들이 진보의 핵심이라고 주장하면서 시장경제의 모순을 지 적하고 있다. 그리고 그것은 정당의 이념화라는 측면에서 보 면 한국 정당사에 있어서 하나의 발전적 요소라고 말할 수 있다. 그러나 민주노동당은 국회에서 극히 소수로 그 힘을 제대로 발휘조차 못하고 있으며 소위 노동자들의 권익을 위 한다고 외쳐대지만 그 노동자들의 표도 제대로 흡수하지 못하고 있다. 정강·정책적인 면에서 보면 국회의원을 배출한 정당 가운데는 민주노동당이 사회민주주의적인 이념의 요소를 나름대로 가지고 있다고 평가할 수 있을 뿐이다. 그리고 국회 진출을 하고 있는 나머지 주요 정당들은 말로만 차별성을 외치지 자세히 보면 그들의 정강·정책은 거의 대동소이할 뿐이다.

이러한 한국 정당의 이념적 취약성은 현대 민주주의에 있어서 정당의 역할 감소와 함께 더 가중되고 있다. 주지하는 바와 같이 초기 자본주의 시대에는 국민의 이해관계가 자본가와 노동자 사이에 큰 차이를 가지고 있었다. 따라서 정당도 국민의 양분된 이해관계에 따라 이념적으로 크게 양분될 수 있었다. 그러나 자본주의의 계속적인 쇄신, 복지 정책의 활성화, 경제적 발전 그리고 정보 통신 기술의 발달 등은 소위 다원화 사회(plural society)를 형성하기에 이르렀다. 즉, 국민의 이해관계가 다양하게 변화되기 시작하였다는 것이다. 이러한 현상은 곧바로 정당의 구조에도 영향을 미쳤으니 표를 얻기 위해 이념적 편협성을 벗어난 백화점식 정책 나열 정당, 혹은 포괄적 정당으로 변모해 갔다. 한마디로 보수나 진보의 가치 어느 하나에 얽매인 것이 아니라 사안별로 보다 많은 표를 얻을 수 있는 쪽으로 그들의 정책을 조정하여 갔다는 것이다.

실제로 민주주의 제도가 앞선 서구에서도 정당 간의 차이는 매우 미비하게 되고 말았다. 프랑스 정치학자인 두베르제

(Manrice Duverger)가 1964년 발표한 그의 저서 『정치의 관념 (The Idea of Politics)』에서 소련이나 미국의 20년 후 국가 발전 청사진은 거의 비슷하다고 말함으로써 정치에 있어서 이념의 무의미성을 지적한[31] 사실이 입증이라도 되듯이 현대 자유 민주주의 체제하에서 정당 간의 이념적 구별은 어렵게 되고 더 나아가서 정책적 차별성마저 거의 사라져 가고 있다.

이처럼 이념과 정책의 차별성이 약화된 자리에는 감성의 정치가 그 위력을 과시하고 있다. 따라서 현대 선거에 있어서 가장 중요한 것은 정책이 아니라 후보들의 이미지를 대중이 선호하는 방향으로 만들어가는 일이 되고 만 것이다. 미국의 정치심리학자인 드루 웨스턴(Drew Western)은 『감성의 정치학(The Political Brain)』이라는 저서를 통해 선거에서 이기려면 이성적인 정책 제시보다는 유권자의 마음을 사로잡아야 함을 강조하면서 오히려 비이성적 선거 운동을 설명하고 있다. 나아가 유권자의 판단은 합리적이지 않기 때문에 유권자의 특별한 감정을 자극해야 한다고 노골적으로 말하고 있다.[32] 단적으로 말하면 현대 사회에 있어서 각 선거는 거의 유흥(entertainment)화 되고 있다고도 말할 수 있다. 대다수의 유권자들은 각 후보의 정책을 꼼꼼히 챙겨서 확인하는 것이 아니라 그들의 감성에 근거하여 선호하는 후보자에게 표를 던지니 당연히 선거가 이벤트로 전락하고 후보자는 마치 연예인들처럼 인기몰이에만 신경을 쓴다는 말이다.

감성적 정치의 장에서는 정치적인 반대파들을 비방하고

매도하는 일이 속출할 수밖에 없다. 즉, 선거의 승리만을 위하여 상대방을 수구반동 혹은 친북좌파로 낙인을 찍을 수도 있으니 한국의 정치는 정책은 실종되고 인신공격만 난무하는 퇴행성이 사라지기가 어려운 것이다. 당선을 위해 '반대를 위한 반대'만을 일삼게 된다는 것이다. 때문에 한국의 정치 세력들은 스스로 보수 혹은 진보로 자신들을 대변하고 있지만 실제 내용상으로는 아무런 차이를 보이지 못하고 정치 세력들 간에 반대만을 일삼는 안타까운 처지에 놓여 있는 것이다. 더 나아가 오직 자기의 주장만이 가장 옳은 것이며 상대방의 주장은 터무니없는 것으로 격하시키기 일쑤이다. TV 토론에 나와서 상대방의 주장을 의미 있게 받아들이는 정치인은 아무도 없다. 오직 자기 혹은 자기당의 주장만이 유일한 해결책인 양 자기 논리만 강조한다. 이러한 일방적 자세야말로 건전한 토론을 통한 합리적 경쟁을 저해하는 핵심 요인인 것이다.

덧붙이자면 정당이 포괄성을 띠게 되자 사안별 이슈에 따른 수많은 비정부기구(NGO)가 출현하게 된 것도 현대 자유주의 체제의 또 다른 특징이라고 할 수 있다. 비정부기구의 출현은 정당이 해결 못하는 일을 스스로 해결하고 주민의 참여를 조장하는 면이 있기에 현대 대의제도의 한계를 일부 극복하면서 직접민주주의의 활로를 제시하고 있다는 점에서는 향후 민주주의의 새로운 질서를 제시하는 좋은 보기가 될 수도 있다. 그러나 한편으로는 이들 비정부기구들이 직접적으로 정부를 상대하여 그들의 이익을 쟁취하려고 하는 과정에서 길거리 시위 정치를 부추기는 퇴행성도 함께 동반하고 있다. 집단 시위 등을 통한 자기주장 관철 노력은 자기들의 주장만이 유일한 진리라는 환상성을 내포하게 되며 이것이 군중 심리와 연결되면 무서운 정치적 폭력 사태를 유발할 수도 있다.33) 정치적 폭력 상태에서는 오직 우리와 그들이라는 양극 논리만이 존재하고 상대방과의 타협이 배제된 반대를 위한 반대만이 있을 뿐이다.

최근에 빈번해진 촛불시위(혹은 문화제)도 자세히 관찰하면 때로는 타협이 배제된 채 자기주장만을 강조하는 현상이 나타나고 있다. 촛불시위에 관한 연구는 현대 민주주의에 있어서 정당의 역할 감소, 시민단체의 활동 강화, 인터넷 등을 통한 정보 공유의 확대, 한국적인 정치 문화의 특성 등 다양한 입장에서 새롭게 논의되어야 할 것이다. 다만 여기에서 지적하는 것은 원인이 어디에 있든 자기주장만이 옳다는 혹은 유일한 해결책이라는 믿음은 자기주장 관철만이 유일한 목적이 되어 그 실현을 위한 수단이나 방법이 고려되지 않기 쉽다는 점이다. 민주주의의 핵심은 선거를 통한 변화에 있다. 자유민주주의 체제에서 혁명의 논리가 약화되고 있는 이유 중 하나는 선거가 바로 정치와 사회를 바꾸는 역할까지를 할 수 있기 때문이다. 흔히 '선거 혁명'이라고 하는 말은 이를 두고 한 말이다. 그러나 자기주장만이 강조되면 선거를 통한 결과까지도 부정하게 되고 수단과 방법을 가리지 않고라도 오직 자기주장을 실현시키는 것이 정의라는 환상을 가져오기 때문에 폭력까지도 정당화되는 오류를 범할 수 있다.

프로이트가 지적한 대로 인간의 무의식에 사랑(eros)과 죽음(thanatos)의 양대 본능이 존재하는 한 인간은 갈등적 존재일 수밖에 없다. 현대 정신분석학자인 바믹 볼칸(Vamik D. Volkan)도 『적과 동지의 필요성(The Need to Have Enemies and Allies)』이라는 저서에서 인간은 감성적 양극화를 통해 자기 집단의 응집력을 강화시킬 수 있다는 이론을 제시하기도 하였다.34) 이러한 볼칸의 이론은 오직 강자만이 생존하는 정글적인 국제 정치의 무대에 있어서 자국민의 애국심을 불러일으키기 위해서 가상의 적국을 상정해야 한다는 이론으로 확대 해석되고도 있다. 특히 이 이론은 전쟁에 있어서 자국 국민의 통합을 촉진하는 논리로 사용될 수도 있다. 실제로 전쟁에 있어서는 적국에 대한 한없는 감성적 적개심이 승리의 동기가 될 수도 있다. 그리고 승리에만 집착하게 되면 수단과 방법에 대한 논의가 무의미해지고 만다. 그러나 자국의 정치적 갈등 속에서 상대방에 대한 퇴행적인 적개심은 국민 통합을 저해하여 불필요한 국력 소모만을 가중시킨다. 뿐만 아니라 자기주장의 관철이라는 목적에만 집착하면 우리가 가장 큰 가치로 인정하고 있는 민주주의의 절차가 파괴되는 것이다.

보수와 진보의 의미적 혼동과 변화의 속도

　서구 사회에서 발달해온 보수와 급진(혹은 혁명) 세력 간의 논쟁에 대한 역사적 그리고 철학적 의미를 배제한 채, 단순히 한국어로 보수와 진보라는 단어의 의미를 보면 한국 사회에서는 그 진정한 의미에 대한 혼동을 야기하기에 충분하다. 예를 들면 보수는 우리의 무의식에 '보호하고 지킨다'는 의미로 각인이 되기 쉽기 때문에 변화에 대한 반대적 의미로 인식될 수 있다. 그리고 진보는 '앞으로 나아간다'는 의미로 쉽게 다가오기 때문에 진취적이라는 이미지까지 내포하기 쉽다. 이러한 우리말의 단어가 가지고 있는 이미지 때문에 대개의 사람들이 '진보'라는 단어를 보다 긍정적으로 인식할 수가 있는 것이다. 실제로 보수와 진보의 논쟁은 어느 한편이 보다 긍정적이고 어느 한편이 보다 부정적이라는 철학적 의미를 가진 것은 아니다. 그럼에도 불구하고 한국어의 단어가 주는 뉘앙스를 염두에 둔다면, 어느 누가 변화를 싫어하는 보수가 되겠는가? 모두 진취적 의미로 확대 해석될 수 있는 진보를 선택할 것이다.

　한국어의 뉘앙스를 잘 반영한 표현은 최근 한 보수 논객의 인터뷰에서도 여실히 나타나고 있다. 한국의 대표적인 보수주의자로 인식되고 있는 '조갑제닷컴'의 대표인 조갑제는 자기야말로 진정한 진보라고 주장하면서 한국의 산업화 세력 그리고 민주화 세력 모두가 진보라고 주장하고 있다.[35] 이야말로 한국어의 '앞으로 나아간다'라는 진보의 의미를 강조한 대표적인 예라고 할 수 있다. 산업화나 민주화란 역사적으로 선진 사회를 향하여 나아간다는 의미를 갖고 있기 때문이다.

보수가 '보호하고 지킨다'는 의미를 가지고 있다면 한국의 보수들은 개방 정책에 반대해야 한다. 즉, FTA도 반대를 해야 한다. 그런데 현실은 정반대이다. 오히려 앞으로 나아간다는 뉘앙스를 가진 진보 세력들이 개방을 반대한다. 물론 국가 이익을 어떻게 보느냐에 따라 위의 해석은 다른 설명이 가능하다. 즉, FTA가 국익을 지켜주는 것이라고 보고, 그 반대가 국익을 위해 진취적이라고 볼 수도 있기 때문이다. 그럼에도 불구하고 일반인들은 왜 지킨다는 보수 쪽에서 개방을 강조하고 왜 나아간다는 진보 쪽에서 개방을 반대하는가라는 의문을 충분히 가질 수 있는 것이다. 이러한 혼동 때문에 개방을 찬성하는 보수는 강대국의 압력에 굴복하는 비겁한 세력으로 매도될 수 있고, 진보는 국제적 변화에 합리적 대응을 외면한 잘못된 국수주의로 매도될 수 있는 것이다.

이러한 여러 가지의 개념적 혼동은 한국에 있어서 보수와 진보의 진정한 성격을 애매하게 만들고 만다. 소위 진보 논객이라고 불리는 '새로운 사회를 위한 연구원' 원장 손석춘은 최근 한 TV 토론에서 "보수의 가치는 국가와 민족이며, 진보의 가치는 인류애"라고 거침없이 말하고 있다.36) 이러한 해석은 일면 의미 있는 지적이라고 할 수 있다. 서구 사회와 미국, 그리고 일본에서도 보수 세력은 일반적으로 그들 국가나 애국심 등을 강조하기 때문이다. 그리고 이러한 국가주의를 심하게 강조하는 세력을 '극우세력'이라고 부르기도 한다. 미국의 신보수주의(neo-conservatism)도 자신들의 국제적 영향력을 확대하려는 데 그 핵심이 있는 한 보수를 국가와 민족 강조라고 보는 것은 의미가 있다. 뿐만 아니라 사회주의 이론에서, 인류는 헤겔 혹은 마르크스가 주장하는 보편적 인류 역사의 발전 과정에 국가를 초월하여 동참해야 함을 강조하기 때문에 국가보다는 인류적 가치를 더 존중한다고도 말할 수 있다. 그러나 사회주의 혹은 공산혁명의 현실성이 사라지거나 아니면 역사적으로 실패하였음이 증명된 21세기에 있어서 좌파의 가치가 우파의 가치보다 더 인류애적이라고 단정할 수는 없다. 따라서 위의 분류도 현대 사회에는 적합한 기준이 될 수는 없다. 특히 한국의 진보는 통일이나 북한을 보는 시각에서 한국의 보수보다 민족을 더 강조하고 있음을 상기하면 이러한 기준은 한국적 현실에서는 더욱 유효하지 못하다.

한국적 보수와 진보의 구별은 변화의 속도 면에 있어서도 구별의 한계가 애매하다. 주지하는 바와 같이 보수는 현실을 인정하면서 점진적 개혁을 추구한다고 보고 급진(혹은 혁명)은 보다 근본적인 개혁을 강조하기에 그 개혁의 속도도 당연히 보수보다는 빠르다는 의미를 함축하고 있다. 그런데 혁명의 위협이 사라진 21세기 자유민주주의 체제에서 변화와 개혁의 속도의 완급을 기준으로 좌파와 우파를 구별할 수 없게 되었다. 다시 말하면 우파라고 해서 개혁을 천천히 하자는 것이 아니고 좌파라고 해서 개혁의 속도를 내자는 것은 아니기 때문이다. 그리고 혁명을 주장하지 않는 한 사회민주주의의 실현을 위해서 점진적 개혁을 주장할 수밖에 없는 것이 현대 자유민주주의 체제하의 좌파적 태도이기 때문이다. 예를 들면 현재 보수라고 지칭되는 이명박 정부에 대한 일부 비판 세력들이 내세운 논리 중의 하나는 너무나 성급한 변화라는 점이다. 따라서 변화의 속도를 가지고 한국의 보수와 진보를 구별하는 것도 한계점에 와 있음을 알 수 있다.

앞서 지적하였듯이 인간의 무의식적인 감성의 발로와 연결하여 보면 변화의 속도에 대한 인식은 점진적이냐 아니면 급진적이냐로 나뉠 수밖에 없다. 다만 지적하고 싶은 것은 21세기에 있어서 우파와 좌파의 논쟁을 변화의 속도만으로 설명하는 것은 별 유효성이 없다는 말이다. 이제는 우파나 좌파를 떠나서 그리고 한국 사회에서 보수나 진보를 떠나서 변화를 거부하는 세력은 없으며 개혁이 혁명의 상대적 슬로건이 되었던 과거의 전통도 사라지고 말았다. 즉, 보수와 진보 모두 혁명이 아닌 개혁만을 부르짖을 뿐이다. 따라서 보수 중에서도 그들의 목적 달성을 위한 개혁의 속도에 완급의 주장이 있을 수 있고, 진보도 마찬가지일 것이다. 한마디로 이제 개혁의 속도는 보수와 진보의 구별을 떠나서 정책 시행에 대한 또 하나의 구별 기준으로만 존재할 뿐이다.

우리의 무의식적 동적 양상이 점진성과 급진성을 가지고

있는 한 변화의 속도에 대한 기준은 21세기에 있어서는 좌파와 우파의 기준을 넘어서 별도로 존재할 수밖에 없다. 구체적으로 말하면 과거 보수와 급진 세력의 대결 구도 속에서 변화의 속도에 대한 개념은 보수는 점진으로 그리고 혁명은 급진으로 비유될 수 있었다. 그러나 공산혁명의 위협이 감소된 21세기에 있어서 속도의 개념은 좌파, 우파의 구별을 넘어서 별도의 기준으로 존재하게 된다는 뜻이다. 그리고 변화의 속도에 대한 정도는 앞서 초자아와 자아이상의 발달 경로에서 지적되었듯이 다양한 양태로 나타날 수 있을 것이다.

한국인의 집단무의식 – 보수와 진보의 병리 원인

한국적 오이디푸스 콤플렉스와 권위의 부정

자아이상과 초자아 간의 갈등 속에서 자아이상이 초자아를 무시하고 급진적인 길을 택하였을 때 퇴행적 행동이 유발될 수 있다는 내용은 앞서 설명한 바 있다. 그렇다면 왜 자아이상이 초자아를 무시하게 되는가라는 질문이 생기며 그 답은 바로 퇴행적 행동의 원인을 찾는 열쇠가 될 것이다.

앞서 지적하였듯이 초자아는 오이디팔 기간 중에 형성되는 현실을 따르려는 욕구인데 이때 가장 큰 역할을 하는 것은 아버지의 역할이다. 어머니가 자기의 사랑의 대상인 줄 알았다가 오이디팔 기간을 통하여 어머니의 사랑의 대상은 아버지라는 것을 느끼게 됨으로써 아버지는 최초로 현실의 의미를 깨닫게 해 주기 때문이다. 그리고 그 후에도 아버지는 어린아이에게 모든 것을 해결할 수 있는 만능적 존재로서 존경의 대상이 되기도 하며 한편으로는 현실의 의미를 하나 둘씩 가르쳐 주는 선생님의 역할까지 하게 된다. 이에 반해 어머니는 어린아이에게 모든 청을 들어주는 존재로 인정되어 자아이상을 부추기는 역할을 담당하는 것이 일반적이다.

이렇게 볼 때 어머니의 역할이 강하고 아버지의 역할이 약하게 되면 자연히 자아이상이 더 활발해질 수 있다는 해석이 가능하다. 이러한 이유로 산업 사회에서 아버지의 역할 감소에 따른 어린이의 정신 발달 양상에 대한 변화의 의미가 서양 사회에서는 1950년대부터 다양하게 논의되었는데, 그 시발은 독일의 비판이론가들(혹은 프랑크푸르트학파)이었다. 물론 이들의 주장은 우리 한국적 상황과는 사뭇 다른 서양의 가족 구조와 오이디푸스 콤플렉스의 양상에 따른 분석이라고 할 수 있다. 하지만 한국적 오이디푸스의 특징을 논하기 전에 이들의 주장을 한 번 짚고 넘어갈 필요는 있다.

호르크하이머(Max Horkheimer)는 산업 사회는 가정이 담당했던 교육을 위시한 여러 문제들을 국가가 대행함으로써 가족의 의미가 상실되고 아버지는 더 이상 어린이들에게 이상화(idealization)의 대상이 되지 못하며 그 권위마저도 과학 기술 등에 의해 무너지기 시작했다고 보고 있다. 따라서 그는 산업 사회에 있어서 가정은 단순히 부부 간의 성적 관계를 이

어주는 장소로 전락하였다고까지 말하고 있다.[37] 정신분석학의 입장에서 보면 아이들은 아버지를 이상화함으로써 그들 삶의 가치를 배우게 된다고 일반적으로 말하고 있다. 즉, 아버지로부터 삶의 많은 영향을 받는다는 것이다. 이러한 현상을 내향화(internalization)라고 하는데 이는 현실에 대한 비판능력을 길러준다고 보고 있다. 따라서 호르크하이머는 산업 사회에서 아버지를 통한 내향화의 부재는 아버지의 권위 상실을 가져오고 결국은 권위에 저항할 줄 모르는 무기력을 길어준다고 확대 해석하고 있다.[38]

아도르노(Theodore Adorno) 역시 호르크하이머처럼 산업 사회의 특징 중의 하나로 아버지의 권위 상실을 지적하고 이것이 바로 어린아이들에게 좋은 의미의 자아(good ego)를 길러주지 못한다고 주장하고 있다. 그리고 흥미로운 것은 좋은 자아가 형성되지 못하면 어린아이들은 내부적으로 만족을 찾게 되는 자아도취적 현상을 일으키게 됨으로써 현실적 독립성을 잃게 되고 결국은 외부의 권위에 도전하지 못하게 되는데, 이것이 바로 파시즘이나 나치즘의 출현을 가능케 한 원인이라고까지 말하고 있다.[39]

비판이론가를 떠나서 정신분석학자들 사이에서도 산업 사회에서 가족 구조의 변화가 가져오는 어린아이들의 정서 변화는 다양하게 논의되어 오고 있다. 앞서 지적한 『아버지 없는 사회』를 저술한 미처리히는 산업 사회에 있어서 아버지의 권위 상실은 물론 어머니의 역할 감소까지를 논함으로써 어린아이들은 부모로부터 어떠한 상징적 현실의 의미를 배우지 못하고 익명의 기능(anonymous function)에 의하여 움직여진다고 주장하고 있다.40)

역사학자로 출발하여 정신분석 이론으로 사회 현상을 분석하는 크리스토퍼 래시(Christopher Lasch)는 1970년대 말 『자아도취적 문화(Culture of Narcissism)』라는 책을 써서 큰 반향을 일으켰는데, 그의 아버지 권위의 상실에 대한 견해는 위의 비판이론가들과는 약간의 차이를 보이고 있다. 그는 아버지의 권위의 상실은 옳고 그름의 판단 의식까지를 앗아감으로써 사회 전체의 권위 상실까지를 초래하였다고 보고 있다.41) 사회적 권위가 상실되면 정부도 국민을 통제할 능력을 상실하게 되며 국민들도 국가 혹은 사회적인 선이 무엇인가라는 고민보다는 그저 오늘 하루를 어떻게 하면 즐겁게 보낼 수 있는가에만 신경을 쓰게 된다는 것이다. 따라서 래시는 현대 사회를 건전한 권위마저 사라진 자기도취주의적 사회라고 보고 있는 것이다.

서양의 이론을 이 정도 이해하고 한국적 오이디푸스 콤플렉스의 특징을 살피면 한국 사회에서 정치·사회적 병리현상을 이해하는 데 보다 도움이 되리라고 본다. 주지하는 바와 같이 오이디푸스 콤플렉스는 서양의 가족 구조를 모델로 프로이트에 의해 논의된 정신분석학의 핵심 개념이다. 실로 프로이트는 그리스 신화 중에 자기 생부를 죽이고 생모와 살게 되는 오이디푸스 왕42)의 슬픈 운명에서 착안하여 어린아이가 자라나면서 아버지의 존재에 대한 인식을 통해 현실을 알고 또 현실에 반항하게 되는 정서 변화의 양상을 논하였다. 물론 그 핵심에는 인간 본능의 원천으로서 사랑과 죽음의 감정이 강조되고 있다.

그런데 재미있는 것은 동양 사회에서는 아들이 아버지를 죽이는 신화는 거의 존재하지 않는다는 것이다. 오히려 아버지가 아들을 죽이는 신화가 더 일반적이다. 이러한 점에 근거하여 중국 정치 전문가인 리차드 솔로몬(Richard Solomon)은 『마오쩌둥의 혁명과 중국의 정치 문화(Mao's Revolution and Chinese Political Culture)』라는 저서에서 서양 오이디푸스 콤플렉스의 대칭적 이야기가 될 수 있는 당나라 쉬에(薛仁貴) 장군의 이야기를 소개한 바 있다.[43] 물론 쉬에 장군의 이야기에는 오직 부자간의 관계만이 있다는 점에서 모자간의 관계까지를 설명하고 있는 오이디푸스 왕의 이야기와 완전한 대칭성을 보이고 있지는 않다. 그러나 권위의 문제만을 논한다면 그 대칭성을 완전히 부정할 수 없다.[44]

쉬에 장군 이야기를 요약하면 다음과 같다. 당나라 쉬에 장군이 18년간 변방에서 근무하다 모처럼 고향을 가는데 황허 주변에서 기러기 사냥을 하는 활을 너무 잘 쏘는 한 청년을 보았다. 그래서 쉬에 장군이 그 청년에게 나는 화살 하나로 두 마리의 기러기를 동시에 쏘아 맞힐 수 있는데 활쏘기 시합을 할 수 있느냐고 묻자 그 청년이 좋다고 하였다. 그런데 쉬에 장군이 자기가 먼저 쏘겠다고 활시위를 당기더니 갑

자기 그 청년을 쏘아 죽여 버렸다. 쉬에 장군의 입장에서는 자기보다 활을 잘 쏘는 사람은 존재해서는 안 된다는 생각에서 자기의 권위에 도전할 수 있는 그 청년을 죽여 버린 것이다. 그리고 이내 집에 도착하여 보니 댓돌에 어른 남자의 신발이 있어서 아내에게 그 신발이 누구의 것이냐고 묻자 아내는 아들의 신발이라고 했다. 쉬에 장군이 떠난 후 바로 임신을 알았고 그 아이가 태어나 이미 18살 성인이 된 것이다. 쉬에 장군이 그 아이는 지금 어디에 있느냐고 물으니 아내가 황허 강변에서 기러기 사냥을 하고 있을 것이라고 하지 않는가! 그러자 쉬에 장군은 넋을 잃었다. 그 활 잘 쏘는 청년이 자기의 친자였던 것이다. 이 이야기는 한마디로 아버지를 죽인 서양의 오이디푸스 왕의 정반대의 이야기인 것이다. 따라서 필자는 쉬에 장군의 이야기를 대칭적(counter) 오이디푸스 콤플렉스의 대표적 예로 보고 그 속에서 동양적, 특히 한국적 오이디푸스 콤플렉스의 특징을 찾고 있다. 따지고 보면 영조가 사도세자를 죽인 것도 양상은 조금 다르지만 아버지의 권위를 상징하는 이야기가 될 수 있다.

한국의 전통 사회에서는 어떠한 경우에도 아들이 아버지를 이길 수 없었다. 아들은 영원히 아들이어야 했다. 따라서 서양 문화의 특징을 아들이 아버지를 죽이는 문화라고 한다면, 동양(특히 한국)은 아버지가 아들을 죽이는 문화라고 설명할 수 있다. 이러한 해석은 서양 사회가 매우 동적이었던 것에 비해 동양 사회가 비교적 변화를 하지 못한 정적인 사회였다는 것을 간접적으로 설명해 주고 있다. 다시 말하면 한국의 전통 사회에서 엄격한 아버지의 권위는 어린아이에게 초자아의 기능을 강화시킴으로써 자아이상의 발현이 억제되어 왔다고도 할 수 있다. 물론 전통 사회에서도 어머니는 어린아이의 모든 요구를 다 들어주는 애착의 의미도 가지고 있었다. 그러나 아버지의 권위가 너무 강하였기에 어머니를 통한 자아이상의 발현이 억제되었다는 말이다.

그런데 산업 사회로 들어오면서 한국의 전통적인 가족관계는 완전히 파괴되었다. 아버지는 산업 역군이 되어 새벽에 집을 나서서 아이들이 잠든 깊은 밤에야 돌아온다. 그러하니 아이들은 하루 종일 어머니와만 관계를 맺게 되는 것이다. 어머니는 아들을 잘되게 하려고 모든 공을 들이지만 한편으로는 아버지처럼 엄하기가 어렵다. 이러하니 산업 사회 이후 출생한 한국 어린아이들은 아버지의 존재를 의식하지 못하고 아버지의 권위 자체가 없어져 버린 것이다. 오늘날 어린아이들이 버릇이 없다면 이는 아버지의 권위의 부재에서 그 원인을 찾을 수 있을 것이다. 즉, 오늘날 어린아이들은 아버지로부터 현실의 논리를 배우지 못하고 어머니를 통한 자아이상만 발달을 하게 되니 앞서 지적한 대로 자아가 급진적인 길로 나아가기 쉽게 된 것이다. 더욱이 어머니마저 직업을 갖게 되는 현대 한국적 상황에서 아이들은 자기의 이상을 부모로부터 배울 수가 없게 된 것이다.

이러한 한국적 상황은 비판이론가들의 주장보다는 래시의

논의로 설명하는 것이 더 설득력이 있다. 비판이론가들은 아버지의 권위는 어린아이들에게 비판 정신을 함양해 준다고 보고 있다. 그런데 동양의 예를 보면 전통 사회에서 아버지의 엄격한 권위는 오히려 어린아이들에게 아버지의 권위에 절대 순종하는 행동을 배우게 하였고 차라리 비판 정신을 앗아가는 현상을 보인 것이다. 따라서 아버지의 권위가 비판 정신을 증진시킨다는 비판이론가들의 분석은 적어도 동양 사회에서는 적용되지 못하였다고 할 수 있다. 따라서 현대 한국적 상황에서 아버지의 권위 상실은 래시가 지적한 바와 같이 사회 전체의 권위 파괴를 가져오게 하고 있다고 보는 것이 더 타당하다.

실제로 오늘날 한국 사회에서는 건전한 권위마저 부정되고 있음을 흔히 볼 수 있다. 이러한 현상은 과거 군사 독재 정부의 권위적 통치에 대한 반작용일 수도 있다. 오늘날 대개의 한국인들은 권위라는 단어 자체에 거부적 반응을 보이고 있다. 그리고 권위야말로 가장 반민주적인 의미로 이해하고 있다. 하지만 따지고 보면 어느 사회건 건전한 권위는 존재해야 한다. 그것이 바로 문명의 질서이다. 그리고 민주적 질서를 위한 권위의 상징은 바로 법이다. 민주 사회에서 권위가 부정되는 것은 개인의 반민주적 권위를 의미하는 것이지 법 자체의 권위를 무시하는 것은 아니다. 그런데 요즈음 한국 사회에 있어서 정치적 갈등 혹은 사회적 갈등을 보면 모든 권위가 부정되고 오직 자기들의 주장만이 진리로 착각

하는 현상을 종종 볼 수 있다. 심지어 자기들의 행동에 제약이 되는 법은 그 자체마저도 인정하려 들지 않는 경우가 허다하다. 타협과 대화를 한다고 모여서 결국은 상대방이 들어줄 수 없는 요구만을 나열하고 있다.

모두가 앞서 언급한 급진적인 길만을 걷고 있는 것이다. 이러한 이유는 정신분석적으로 보면 본질적으로 가정에서 아버지의 권위 상실이 가져온 결과로, 초자아가 작동되지 못하고 있기 때문이라고 할 수 있다. 이는 물론 전통 사회의 엄격한 아버지의 권위로 되돌아가야 함을 의미하지는 않는다. 전통 사회의 너무나 강한 아버지의 권위는 오히려 창조 정신 및 비판 정신을 앗아갔기 때문이다. 그렇다면 결국은 어린아이의 건전한 정서 발달에는 절대적 권위가 아닌 적절한 아버지의 권위가 필요하다는 것이다.

문화와 역사적 반응으로서 이념의 양극 현상

인간의 행동이 무의식에 절대적 영향을 받는다면 그 행동 분석을 위해서는 무의식의 동적 양상을 살피는 것은 당연하다. 따라서 현대 한국 사회에서 보수와 진보가 보이는 퇴행성은 한국인의 집단무의식을 분석함으로서 그 원인을 찾을 수 있다고 본다. 무의식이란 앞서 지적한 대로 자아와 세상 간의 내사와 투사를 통해 형성되는 것이라면 그러한 경험이 비슷한 집단에는 동질적 무의식이 형성될 수 있다. 이것이 바로 정신분석학에서 집단무의식의 의미를 인정하는 근거이다.45) 따라서 한국인이 겪은 문화 및 역사적 공통 경험이 한국인의 집단무의식을 형성하는 데 영향을 미쳤다는 가정이 성립된다. 그렇다면 이러한 공통적 경험의 의미를 분석하는 것이 현재 한국 사회에서 갈등이 보이는 퇴행적 행위의 집단무의식적 원인을 찾는 길이 될 것이다.

주지하는 바와 같이 한국 사회는 농경 문화적 전통을 가지고 있다. 농경 사회는 농사를 짓기 위해 인력이 필요하므로 강력한 집단의식이 형성되게 되어 있다. 따라서 농경 사회에서는 '우리'가 강조된다. 이에 반해 서양 사회는 유목 문화의 영향을 가졌기에 '나(개인)'가 강조된다. 유목 사회에서는 서로 나누어 양 떼를 몰고 다녀야 양에게 보다 많은 풀을 먹일 수 있기 때문이다. 이런 의미로 서양철학의 핵심이 '나는 누구인가?'에 있었다면 동양철학의 핵심은 '우리는 누구인가?'에 있었다고 해도 과언은 아니다.46) 따라서 서양철학에 있어서는 선의 의미가 완전히 개인적인 문제로 설명된다. 그런데 동양에서 선의 의미는 인간관계에서 형성된다. 유교의 최고 덕목인 삼강오륜도 따지고 보면 전부 자신과 남과의 관계를 의미하는 것이다. 그런데 서양에서도 '우리'를 강조한 철학자가 있었는데 그는 다름 아닌 마르크스이다. 이러한 점을 염두에 두고 보면 왜 공산혁명이 마르크스 예언대로 당시 자본주의가 가장 발달된 미국에서 제일 먼저 일어나지 않고 동양적 요소를 많이 가지고 있는 러시아에서 일어났는지, 그리고 그

혁명이 동으로 이동하여 중국과 한국으로 번지게 되었는지도 어렴풋이 짐작할 수 있다. 러시아와 중국 그리고 한국의 공산혁명 전개는 공동체 인식이 강한 지역에서 야기된 것으로, 실제로는 마르크스가 주장하는 자본주의의 다음 단계로서 공산혁명의 성격은 약했다고 많은 공산혁명 연구자들은 보고 있다. 이러한 점으로 미루어 볼 때 아무래도 한국 사회는 농경 문화의 영향으로 집단의식이 강하며 또 공간적 개념(지역의식)이 강하다. 한국의 지역주의의 뿌리도 사실은 농경 문화의 영향으로 볼 수 있는 것이다.

또한 농경 문화는 목적이 강조된다. 왜냐하면 봄에 씨를 뿌리고 가을에 추수를 하기 때문에 가을까지 기다려야 한다. 즉, 추수가 중요한 것이다. 따라서 농경 문화의 언어구조는 대개의 경우 목적어가 먼저 나오고 개인이 강조되지 않기 때문에 주어가 생략되는 경우도 많다. 그런데 이러한 목적 강조가 절차를 중요시하는 민주주의에는 단점으로 작용하는 경우가 있다. 우리 속담 중에 "모로 가도 서울만 가면 된다." 혹은 "꿩 잡는 것이 매다."라는 말처럼 수단과 방법을 가리지 않고 목적만 달성하면 된다는 무의식을 형성시킬 수 있다는 것이다. 이러한 목적 중심 사고는 군사 독재를 거치면서 더욱 강화되었다. 군은 목적을 중요시하기 때문이다. 전쟁은 방법을 떠나 이기고 봐야 한다. 따라서 "안 되면 되게 하라."라는 군사 구호는 바로 절차 무시를 부추기는 말이 되고 만다. 이러한 문화적 요소가 한국인에게 절차를 무시하는 퇴행성을 부추긴 것이라고 할 수 있다. 한국 사회의 집단들이 모두 자기 목적 추구에만 열을 올리는 이유도 바로 이러한 집단무의식의 영향일 수 있다.

이러한 농경 문화의 영향을 떠나서 한국 사회가 겪은 전쟁과 많은 사회 변동 역시 한국인의 집단무의식에 큰 영향을 주었다. 예를 들면 일제 강점기에는 대개의 일반인들은 일본에 협조할 수도 없고 그렇다고 직접 저항할 수도 없는 난처한 처지에 있었다. 물론 용기가 투철한 사람은 적극적으로 독립운동에 나선 것이 사실이다. 그러나 대개의 일반인들은 처신하기 매우 어려웠다. 6·25때도 마찬가지이다. 낮에는 경찰(혹은 국군) 밤에는 공비(혹은 인민군)들이 장악하는 마을과 도시에서 누구의 편을 직접적으로 들기는 매우 어려웠다. 4·19 때도 5·16 때에도 처음에는 어느 편을 찬양해야 하는지 애매했을 것이다. 이런 시달림 속에서 우리 민족은 눈치가 발달했다. 그러나 한편으로는 현실의 삶을 위해서 자기의 소신대로 행동하기가 어려웠다. 어떻게 보면 항상 애매한 태도만 취했던 것이다. 우리말 중에 '거시기'라는 단어도 따지고 보면 소신이 없을 때 사용하는 말이다.

정신분석적으로 보면 자기의 소신대로 행동하지 못할 때 인간은 자신을 매우 미워하게 되며 일면 스스로 죄의식을 느끼기도 한다. 때문에 그 죄의식을 해소하기 위해서는 타인에게는 분명한 소신을 요구하는 역현상이 초래된다. 자기가 학생 때 공부를 않고 놀았기 때문에 자기 자식에게 공부하기를 강요하는 심리와도 일맥상통하는 현상이다. 따라서 한국인들은 대개의 경우 명쾌한 소신을 피력하는 사람들을 선호한다. 자기가 그렇게 하지 못한 것에 대한 죄의식을 해소하려는 무의식적 욕구이다. 정치인들도 논리야 있건 없건 분명한 소리를 하면 용기 있다고 대중의 지지가 올라간다. 그리고 갈등을 해소한답시고 양쪽의 의견을 모두 들으려고 하면 소신이 없는 기회주의자가 되고 만다. 이런 사람들은 양비론자 혹은 양시론자로 매도되기가 일쑤이다. 좌우간 인정을 받으려면 어느 편이건 한쪽으로 분명히 줄을 서야 한다. 이러한 무의식적 의미가 바로 우리 사회에 갈등의 양극 현상을 부추기고 있는 것이다.

우리 사회에는 여러 정당이 난무하지만 결국은 두 개의 정당간의 싸움으로 변모되고 만다. 그리고 나머지 정당들은 아무런 역할을 할 수가 없다. 무소속이 안 되는 이유도 여기에 있다. 보수나 진보라고 자칭하는 사람들은 스스로 한국의 보수와 진보의 스펙트럼은 매우 광범위하다고 말한다. 즉, 보수 중에도 여러 가지 다른 점이 있고 진보도 마찬가지라는 이야기이다. 그러면서도 꼭 보수 아니면 진보로만 분류하려 든다. 한국 사회의 갈등은 보수와 진보로 절대 양분될 수 없다. 그런데 상당수의 지식인들까지도 기어이 보수와 진보로 양분하려 한다. 그리고 자신도 스스로 그 어느 진영에 포함되는 것으로 인식하고 있다. 그렇지 않으면 기회주의 혹은 회색분자로 매도될까 하는 두려움을 가지고 있는 것이다. 한국 사회에서 제3의 지대는 존재하기가 매우 어렵다. 이처럼 목적 중심 사고와 흑백 논리의 무의식은 한국의 정치·사회적 갈등을 항상 양극의 극한 상태로 몰고 간다. 항상 양편으로 갈리게 되어 중간 입장이 존재하기가 어렵다. 그리고 두 개의 세력들은 말로는 타협한다고 하고 절대로 타협하지 않는다. 여당과 야당의 관계도 그렇고 노사 갈등도 그렇다. 타협을 하려고 상대방 의견을 일부 받아들이면 그 조직 구성원들로부터 '사쿠라'로 매도당하기 쉽다.

이러한 양극 현상은 감성이 풍부한 한국인의 성격과 합해져서 상승효과를 낸다. 즉, 논리를 떠나서 일단 자기편이 이겨야 한다는 감성이 먼저 작동하게 되는 것이다. 토론에서도 보면 인신공격을 해서라도 상대방의 기를 죽이면 그편에서는 말 잘하고 속이 시원하다고 칭찬받는다. 논리적으로 상대방의 의견도 일부 인정하면서 자기 논리를 펴면 자기편으로부터는 용기 없거나 소신 없는 사람으로 비판받는다. 그러니 인신공격을 해서라도 자기주장만 강조한다. 목소리 큰 사람이 칭찬받게 되는 결과이다. 그러니 모든 집단이 목소리만 높이고 있다. 다른 말은 들으려 하지도 않는다.

사회적 가치의 다양화와 동시성적 자아의 문제

현대 사회는 다양화의 시대라고 한다. 그만큼 많은 가치들이 공존하면서 사회를 보다 역동적으로 만들어 가고 있으며 그 속에서 각 개인은 선택의 자유를 만끽하면서 자신의 개성을 즐기고 있다. 우리 사회도 예외는 아니다. 한국 사회는 무릇 세계적인 경제 선진국으로 도약하는 문턱에서 어느 때 보다도 다양성이 강조되고 또한 보장되고 있다. 그런데 여기에서 설명하려고 하는 것은 사회적 가치의 다양화는 개인의 정신 구조마저도 다양하게 유도함으로써 한 마음 속에 여러 가지의 가치를 공존시키는 특별한 성격을 형성시킬 수 있는데, 그 폐해가 한국의 사회적 갈등에 표출되고 있음을 지적하려는 것이다.

우리 사회는 토속적 샤머니즘적 사고에 불교가 유입되고 유교, 기독교 등이 들어왔다. 그리고 급속한 산업화의 과정을 거치면서, 특히 세계화의 시대에 이르러서는 수많은 가치들이 공존하고 있다. 앞서 말한 대로 이러한 가치의 다양화는 사회를 보다 역동적으로 만든다. 그런데 이러한 가치가 한 개인에게 공존하면 그 개인의 자아는 매우 취약해져서 하나로 응집되지 못하고 조각이 나 버린다. 정신분석적 정치이론의 세계적 대가인 제임스 글래스(James Glass) 교수는 이러한 자아를 '조각난 자아(shattered self)'라고 부르는데 정신분석의 일반 이론으로 보면 다중인격(multi-personality)의 범주에 속한다고 할 수 있다. 다중인격이란 어떤 때는 이런 모습으로 또 어떤 때는 저런 모습으로 행동하는 것으로서 한 사람의 마음 속에 여러 가지의 성격이 동시에 존재하고 있음을 의미한다. 즉, 다중인격의 소유자에게서는 여러 가치가 융합되지 못하고 별개로 존재함으로써 어떤 일관성을 찾기가 어려우니 당연히 상대하기가 매우 어렵다. 정신분석학에는 이러한 현상을 성격장애의 병리현상으로 분류하고 있다.

최근 많이 거론되고 있는 후기근대주의(post-modernism) 입장에서 보면 근대주의적 획일성은 인간의 사고를 일차원적으로 물들게 함으로써 인간 사고의 다양성을 통한 창조적 의미를 소멸시키고 있다고 보고 있다. 따라서 후기근대주의의 입장을 따르는 사람들은 모든 분야에 있어서 어떤 특정한 형식이나 전통을 무시하고 나름대로의 가치 판단에 따른 행동이야말로 니체(Friedrich Nietzsche)가 말한 자아실현(slef realization)[47]을 위해 유효한 방법이라고 주장하고 있다. 이러한 후기근대주의적 성향은 특히 개인의 창조성이 강조되는 예술 분야에서 많이 강조되고 있다.

그런데 글래스에 따르면 인간의 경우 다양한 가치가 한 마음속에 공존할 때는 그것은 자유를 의미하기보다는 고통을 가중시키는 것이 되고 만다. 즉, 한 개인의 마음속에 다양한 가치의 공존은 무슨 가치를 따라야 하는지에 대한 고민을 수반케 하고 자신의 개성을 소멸시킴으로써 자신이 누구인가에 대한 의문을 갖게 하여 오히려 현실과 공상의 한계마저도 애매하게 되고 만다는 것이다.[48] 이러한 글래스의 주장은 한 걸음 더 나아가 후기근대주의가 주장하는 바대로 모든 사회가 개별적 가치로 흩어지게 되면 사회가 필요로 하는 통합성은 어디서 찾을 수 있는가라는 질문을 야기하기도 한다.[49]

한마디로 사회적으로도 가치의 다양성은 문제가 있다는 말이다. 가치의 다양성은 일면 삶의 자유를 증진시키는 일이 될 수도 있지만, 한편으로는 커다란 의미에서 다수가 동의하는 어떤 본질적 가치가 존재해야 그 사회의 통합성이 존재할 수 있다는 것이다. 이것이 바로 후기근대주의적 주장이 사회이론에서보다는 주로 예술 논의에 있어서 호응을 더 받고 있는 이유일 수도 있다.

이러한 의미를 두고 한국인의 성격을 분석하면 매우 흥미로운 논의가 가능하다. 한국인들은 현대 사회에 이르면서 자기의 마음속에 여러 가치들을 공존시키고 있다. 예를 들면 때로는 샤머니즘적, 때로는 불교적, 때로는 기독교적 가치를 그리고 때로는 전통적 가치를, 혹은 현대 서양적 가치를 동시에 가지고 있다. 그런 것들이 자기의 마음속에서 정제되어 나름대로의 통합된 자아를 형성치 못하고 낱개로 흩어져 공존하고 있다. 이러한 점은 특히 최근 20~30년 사이에 일어난 한국 사회의 급작한 변화 속에서 더욱 확연하게 표출되고 있다.

그런데 문제는 이런 가치들을 자기가 편리한 대로 혹은 자기의 주장을 관철시키는 방편 혹은 명분으로 상황에 따라 다양하게 사용하고 있다는 점이다. 예를 들면 기독교인들 중에도 일부는 점을 치러간다. 기독교인이 아니면서도 천당을 말한다. 불교인이 아니면서도 윤회론을 거론한다. 상가(喪家)를 가면 때로는 목사님이 설교를 하고 그 뒤에 바로 스님이 와서 염불을 하며 대개의 조문객은 유교식의 예를 올린다. 모든 가치가 함께 공존하고 있다. 그리고 자기 편리에 따라 이 가치 저 가치를 내세우고 있다. 젊은이와 갈등이 있을 때는 전통 사회의 유교적 가치를 내세워 어른 공경을 강조한다. 그런데 자기보다 연상자와 갈등이 있을 때는 서구의 인간 평등 혹은 민주주의 이론을 앞세워 자기를 보호하려 한다. 자신이 어느 지역을 개발할 때는 개발만이 지역 경제를 활성화하는 길이라고 말한다. 그런데 다른 사람들이 개발하려고 하면 개발은 환경을 해친다고 목소리를 높인다. 한마디로 모든 가치를 자기가 유리한 방향으로만 사용하고 있다는 것이다.

그러면서도 이상하게 마음의 갈등을 느끼지도 않는다. 글래스는 이러한 여러 가치의 공존은 자아를 괴롭힌다고 말하고 있는데 우리 사회의 특징은 조각난 자아의 고통도 못 느끼고 있는 것 같다. 이러한 한국인의 다중적 마음을 또 한 명의 정신분석 정치이론의 대가인 프레드 알포드(Fred Alford) 교수는 '동시성적 자아(synchronic slef)'라는 새로운 개념을 사용하여 설명하는 것이 적절하다고 말한 바 있다.50) 이는 조각난 자아가 정신분석적으로 병리적 현상을 의미하는 표현이기에 병리현상을 느끼지도 못하는 한국인의 마음속에 존재하는 다양한 가치의 공존은 조각난 자아라는 개념보다는 동시성적 자아라는 표현이 더 합당하다는 말일 수도 있다. 동시성적 자아는 구체적으로 '동시 다중적 자아'라고 표현할 수도 있을 것이다.

이러한 동시성적 자아를 가지고 있는 사람에게서는 일정한 논리를 찾기가 어렵다. 자기가 편리한 대로 다양한 논리를 사용하기 때문에 오직 자기 입장의 변호나 변명의 말만 듣게 된다. 한국의 사회적 갈등(집단 간 혹은 개인 간의 갈등)에서 그 타협점을 찾기 어려운 것은 바로 각기 자기 입장에 유리한 논리를 이 모양 저 모양으로 다양하게 사용함으로서 자기 주장만을 정당화하려는 동시성적 자아의 무의식이 존재하기 때문이다.

물론 이러한 동시성적 자아는 한국의 문화 및 역사적 전통에 영향 받은 바가 크다고 할 수 있다. 특히 앞서 설명한 대로 사회가 큰 변화를 할 때마다 어떤 특정한 자기 의견을 분명히 표현치 못했던 애매한 입장이 여러 가치를 자신이 편리한 대로 사용하게 된 한 원인이라고 볼 수도 있다. 이러한 입장은 혼란기에 있어서는 대세의 편에 자기의 생각을 맞추는 일로 작동되기도 하였다. 구체적으로 말하면 한국적 문화 및 역사적 소용돌이 속에서 싹튼 애매한 행동은 한편으로는 앞서 설명했듯이 자신은 애매하면서도 타인에게는 분명한 것을 요구하는 흑백 논리를 부추겼고, 또 다른 한편으로는 그 애매성 자체가 동시성적인 성격을 형성케 하였다는 말이다. 즉, 정치적 변혁과 사회적 소용돌이 속에서 잉태된 애매한 태도가 두 갈래의 퇴행성을 조장하였다. 그러하니 한마디로 한국인의 자아는 구체적이지 못하고 비교적 매우 포괄적이며, 그렇기 때문에 일면 허약하다고도 할 수 있다. 그리고 그것이

대화와 타협을 위한 긍정적인 융통성으로 작동되지 못하고 자기주장의 강조를 위해서 때로는 흑백 논리로 그리고 때로는 동시성적인 자아를 형성시켰다고 볼 수 있다.

이러한 동시성적인 자아는 사회적 논쟁이나 갈등에 있어서 논리적 일관성을 파괴하고 상황에 따라 자기편에 유리한 방향으로의 변명을 부추기는 결과를 초래한다. 우리나라 정치인들이 상황에 따라 말을 자주 바꾸는 것도 바로 이러한 이유에 기인한 것이라고 봐도 무방하다. 이러한 동시성적인 무의식은 목적 강조를 위한 과정의 무시, 그리고 감성 위주의 비논리성과 함께 상승효과를 내면서 퇴행적 양태로 변모되기가 쉽다. 한국 사회에 있어서 보수와 진보의 갈등도 이러한 퇴행성을 여실히 보여 주고 있다. 우선 보수나 진보를 자처하는 사람들마저 그 참 의미가 무엇인지 구체적인 설명을 못한다. 좌파를 나쁘다고 보는 사람은 깊은 생각도 없이 자신은 보수라고 한다. 또 어떤 이는 진보를 나름대로의 한국적 의미로 해석하여 자기는 진취적인 사람이니 진보라고 말한다. 지역에 따라서도 그 해석이 각기 다르다. 그저 자기의 현재 입장에 따라 보수가 되기도 하고 진보가 되기도 하는데 나름대로 편리한 논리나 가치를 꿰어 맞추는 꼴이다. 그러니 보수와 진보의 갈등에서 남는 것은 내 편이냐 아니냐는 감성적 구별만이 존재하게 되는 것이다. 이것이 바로 반대를 위한 반대를 부추기는 원인이기도 하다.

결언: 보수와 진보의 대결을 넘어서

　지금까지 서구 사회에서 보수와 급진(혹은 혁명)의 대결과 그 변화 과정을 살펴보았으며 이념적인 면에서 우파와 좌파의 의미도 논의하였다. 그리고 한국 사회에서 보수와 진보가 갖는 의미, 또한 한국적 보수와 진보의 특성을 살피고 그 문제점도 함께 논의하였다. 그 결과는 말할 것도 없이 한국 사회에 있어서 보수와 진보의 구분은 다양한 사회적 변화와 국제 사회의 이념적 변화를 잘 따라갈 수 있는 바람직한 구별이 아니라는 점을 알게 되었다. 특히 우리말의 뉘앙스에 따른 보수와 진보는 의미의 혼동만을 불러일으킬 뿐이라는 점도 알게 되었다. 한마디로 한국 사회의 정치적 논쟁은 보수와 진보라는 틀에서 구별될 수 없다는 것이다. 그리고 이러한 구별이야말로 시대착오적이라는 것이 분명해질 뿐이다. 그렇다면 우리 사회에 있어서 정책적 논쟁은 어떻게 구별되는 것이 바람직한가?

여기에 대한 대답은 의외로 간단하다. 다원화 사회에서 모든 정책은 양분될 수 없으며 이러한 복잡성을 양분하려고 하는 노력 자체는 논쟁의 핵심을 더욱 복잡하고 애매하게 만들 뿐이다. 이러한 복잡성과 애매성은 일반 국민의 정책적 선택 기준을 어렵게 하고 더 나아가서는 명쾌하지도 않는 구별을 근거로 상대방을 비방하는 반대를 위한 반대만을 양산함으로써 국론을 분열시키고 국가적 힘을 필요 없이 소진시키게 할 것이다. 따라서 사안에 따른 구별을 하는 명쾌함이 필요한 것이다.

예를 들면, 경제 정책에 있어서 성장 우선을 강조하면, 성장주의자로 그리고 분배 우선을 강조하면 분배주의자로 부르면 된다. 또한 세계화 문제와 관련하여 세계화를 찬성하면 세계화 찬성론자, 그리고 반대하면 반세계화론자라고 부르면 된다. 문화면에 있어서도 외래문화의 개방을 주장하면 문화개방주의자, 그리고 반대하면 반문화개방론자라고 하면 된다. 그리고 대북 정책에 있어서도 햇볕정책을 강조하면 말 그대로 햇볕정책론자 그리고 반대하면 상호주의자라고 하면 된다. 외교 정책면에 있어서도 한미동맹을 강조하면, 한미동맹 강조론자, 그리고 민족의 자주성을 강조하면 민족자주론자라고 부르면 된다. 또한 보수나 진보를 떠나 변화의 속도를 강조하면 급진적 변화론자, 점진적 변화를 주장하면 점진적 변화론자라고 부르면 되는 것이다. 군이 억지 논리를 세워 모든 정책을 보수와 진보로 구분할 필요가 없으며 그러한 시대도 이미 지났음을 알아야 할 것이다.

따라서 한국의 정당 구조도 억지로 보수와 진보 양 진영으로 대별할 필요가 없다. 특히 한국의 정당 구조가 이념 중심으로 되지 못하고 있기 때문에 문제가 있다고 지적하는 것이야말로 좌파와 우파의 이념적 구별이 유효하지 않는 21세기 자유민주주의 체제하에서는 의미가 없다. 더욱이 다원화 시대에 있어서 국민의 이해가 양분될 수 없는 현실에서 진부한 좌파와 우파의 이념은 정당 구별의 근거가 될 수 없다. 어차피 현대 사회에서 정당은 포괄성을 가질 수밖에 없기 때문이다. 이러한 억지 구별 때문에 그 의미마저 애매한 중도 보수 혹은 중도 진보, 그리고 합리적 보수 혹은 건전한 진보라는 용어가 생기게 되고 결국은 차별성도 명쾌하지 않은 정치 세력 간에 권력 투쟁만을 야기하여 반대를 위한 반대만이 난무하게 되는 것이다.

더불어 다양한 시민단체들의 출현으로 인하여 정당의 역할이 감소되고 있는 현실을 감안하면 오히려 정당의 이념적 구별이 아닌 정당의 새로운 역할, 혹은 본질적으로 현대 자유민주주의 체제하에서 정당 정치의 위기를 논하는 것이 보다 의미가 있을 것이다. 그리고 시민 단체의 정치·사회적 역할을 논의하고 정당과 시민단체 간의 협조와 갈등의 문제를 연구함으로써 새로운 민주 제도의 창출에 관심을 가져야 할 때가 온 것이다. 또한 시민단체의 정치 참여가 자기 단체의 목적 달성을 위해 국민을 선동함으로써 제도권이 무시되고 민중적 집단행동을 가중시킬 수 있다는 점 등도 새롭게 연구하여 그 해결책을 찾는 노력이 필요한 때가 된 것이다.

한국 사회의 현재와 같은 보수와 진보의 논쟁으로는 21세기의 변화를 분석할 수 없다. 이러한 인식을 제대로 하지 못한 채 벌어지는 현재와 같은 애매한 보수와 진보의 논쟁은 국가 발전에 아무런 도움을 주지 못한다. 한마디로 보수와 진보의 진부한 논쟁은 권력 투쟁만을 위한 반대를 위한 반대의 퇴행성을 부추길 뿐이다. 단, 여기에 하나 짚고 넘어갈 것이 있다. 이것은 자아이상과 초자아라는 인간 감성의 동적 양상이다. 인간의 무의식적 양대 감성이 존재하는 한 세상을 보는 시각은 언제나 일치하지 않는다. 앞서도 이야기 하였듯이 초자아가 강하면 현실의 변화를 두려워할 것이고 자아이상이 강하면 무엇인가 현실에 불만족을 가지고 변화를 원할 것이기 때문이다. 이념의 갈등과 혁명의 실질적 효력이 감소된 21세기에 있어서 이러한 무의식적 갈등은 '점진적 변화냐 아니면 급진적 변화냐?' 하는 사회 변화의 속도에 따른 갈등으로 분명히 존재하고 있다. 그런데 문제는 자아이상이 초자아를 완전히 무시했을 때 일어나는 퇴행성이다. 이 경우는 자기가 주장하는 바를 진리로 인식하는 결과를 가져옴으로써 진리의 실현이라는 목적에 얽매여 수단과 방법을 가리지 않는 퇴행성을 유발하기 때문이다. 이러한 퇴행성은 현재 우리가 제일의 가치로 삼고 있는 민주주의의 가장 큰 적이 된다.

따라서 사회는 이러한 퇴행성을 억제시킬 수 있는 구조적 유동성을 가지고 있어야 한다. 이는 말할 것도 없이 각 집단과 집단, 집단과 정부, 정당과 정당, 그리고 정당과 정부 간의 원활한 의사소통의 길이 항상 열려 있도록 하는 것이다. 자신의 생각만이 진리라는 환상 속에서 다른 생각을 가진 자를 적으로 규정하는 퇴행성의 출발은 의사소통의 부재로부터 시작되기도 하기 때문이다. 또한 국가의 단기 및 중·장기의 목표에 대한 국민적 동의가 형성되는 것도 갈등의 퇴행성을 줄이는 하나의 방편이 될 수 있다. 구체적인 국가목표에 대한 동의가 부족하기 때문에 각자가 자기 나름대로의 주장만을 단순히 국가 이익을 위한다는 애매한 가정 아래 외치고 있는 것이다. 물론 각 정당은 대통령 선거를 통해 자기 당이 집권하였을 때 어떤 비전을 가지고 어떤 정부를 만들 것인가에 따른 단기 및 중·장기의 국가 목표를 제시하고 있다. 그러나 이는 다분히 표를 의식한 선거 전략일 뿐, 비현실적인 요소가 너무 많은 것이 오늘날 한국적 정치의 모습이다. 따라서 새 정부가 들어선 후에도 선거 공약과는 별개의 정책이 나오기 일쑤이다. 또한 국민의 동의가 부족한데도 공약 실천이라는 이름으로 특정 정책을 강행하려 하기 때문에 퇴행적 갈등을 부추기는 것이다. 따라서 정부와 각 정당은 세계 문명의 변화에 따른 나름대로의 선진화 목표를 구체적으로 설정하고 국민의 동의를 받는 절차가 필요하며, 이를 통해 보다 많은 동의를 얻은 목표가 그 유효한 의미를 갖게 될 것이다. 그리고 다수의 동의가 이루어진 국가의 단기 및 중·장기의 목표가 존재한다면 각 집단의 갈등은 그 목표 실현에 따른 방법으로 그 범위가 좁혀질 것이며 또한 그 논쟁들도 보다 합리성을 띠게 될 것이다.

사회를 변화시키거나 어떤 병리현상을 치료하는 데 일반적으로 크게 두 가지 방법을 논의할 수 있다. 그 하나는 제도를 개선하는 일이요, 다른 하나는 국민의 의식을 사회가 요구하는 대로 변화시키는 일이다. 이를 두고 사회 연구에 있어서는 '구조(structure)의 변화냐 혹은 문화(culture)의 변화냐?'라는 문제로 논의하고 있다. 어떤 학자는 구조를 변화시키면 자연히 문화는 그 구조에 따라 변한다고 주장함으로써 구조의 변화를 역설한다. 대표적인 예를 들면 공산주의자들은 공산혁명 이후 공산 체제의 구조 변화를 통해 자연히 사회주의 문화는 성립될 것으로 기대하였다. 이것이 바로 구조 강조의 입장이다. 그런데 다른 편에서는 구조보다는 문화가 더 중요하다고 보고 있다. 그 예는 아무리 같은 공산 사회라 할지라도 그 국가의 문화에 따라 그 체제의 속성이 달라질 수밖에 없다는 것이다. 이런 이유로 한때 정치학에서는 공산국가 체제의 속성을 비교하는 소위 '비교공산주의 체제'라는 연구 주제가 있기도 하였다. 따지고 보면 자유민주주의 체제도 마찬가지이다. 같은 자유민주주의를 택하고 있는 나라들도 그 나라의 문화적 속성으로 인해 그 체제의 특성이 다를 수밖에 없기 때문이다.

그렇다면 문화란 제도의 개선만으로 해결되는 것이 아닐 수도 있다. 이러한 점은 소위 문화의 '경로 의존성(path dependency)' 때문이라고도 말할 수 있다. 경로 의존성이란 어떤 제도가 갑자기 변하면 그 이전의 제도에 대한 의존적 힘 때문이 쉽게 정착이 안 된다는 것을 의미한다.51) 새로운 정책을 시행하다가도 다시 과거의 정책과 혼용되는 경우가 바로 이러한 현상 때문인데, 공산혁명 이후 사회주의 국가 건설에서 국가에 따른 전통적 입장을 일시에 무시할 수 없었던 사례가 이러한 경로 의존성의 대표적인 예라고 할 수 있다. 현대 사회에 있어서도 특히 경제 정책의 경우 아무리 그 뜻이 국가목표에 합당하다 하더라도, 그 이전의 정책과 완전한 단절을 의미하게 되면 그 실행에 있어서 많은 저항을 받게 되고 결국은 그 실효성도 떨어지고 마는 경우를 종종 보고 있다.

위의 논리를 염두에 두고 보면 한국의 보수와 진보의 퇴행성을 바로 잡기 위한 방법으로 의사소통 구조의 다양화나 구체적인 국가의 단기 및 중·장기 계획 수립은 어느 면으로 구조개선적 처방일 수 있다. 그런데 문화강조론의 입장에서 보면 아무리 소통 구조를 개선하고 구체적 국가목표가 설정된다 해도 문화가 그에 따르지 못하면 문제는 여전히 남을 수밖에 없다. 그렇다면 문화는 어떻게 변화시킬 수 있는가? 물론 제도 개선이 그에 수반되는 문화를 일부 개선하는 효과를 가져온다는 사실을 부정할 수 없다. 그러나 정확히 말하면 문화는 단시간에 해결될 문제는 아닌 것이다. 문화의 변화는 일반적으로 어린 시절부터의 장기간에 걸친 교육을 통해서 이루어진다. 자신의 주장을 각자 구체적으로 이야기 하고, 보수나 진보라는 애매한 개념으로 말하지 말자는 주장은 일면 교육과 홍보가 필요한 문화개선운동으로 이해될 수 있다.

바로 이 부분에서 정신질환을 치료하는 하나의 방편으로 '정신치료'의 방법을 새로운 대안으로 내세울 수 있다고 본다. 정신치료란 정신질환자에게 정신분석학 이론을 설명하는 방법이다. 즉, 환자 자신들이 정신분석 이론을 들으면서 자기를 분석하고 그에 따라 스스로의 문제점을 인식토록 하자는 것이다. 이러한 주장은 환자가 자신의 문제를 진실로 인식하면 바로 고쳐질 수 있다는 가정을 전제로 한 방법이다. 물론 인간은 자신의 잘못을 알면서 그것을 바로 고치지 못하는 경우가 허다하다. 그런데 자신의 문제마저 알지를 못하면 그 시정은 정말 불가능하다. 따라서 일단 자신의 문제점을 깨닫고 그 원인까지를 알게 하는 것이 가장 효과적인 의식 변화의 교육이며 방법이 될 수 있는 것이다.

이러한 의미로 마지막 장에서 보수와 진보의 퇴행성에 대한 원인으로 한국인의 집단무의식을 논하였다. 이것은 우리의 행동이 왜 나도 모르게 퇴행적 의미를 가지게 되는가에 대한 하나의 설명이 될 수 있다. 그리고 이러한 설명에 동의를 한다면 바로 그 사람은 자신을 분석하게 되고 자신의 행동에 퇴행적 요소를 줄이려는 노력을 하게 될 것이다. 따라서 필자는 사회 갈등의 합리성을 위한 하나의 처방으로 정신분석적 입장에서 한국인의 집단무의식적 퇴행성을 나름대로 지적하였던 것이다. 이러한 지적에 따라 또 다른 다양한 처방도 동시에 논의되리라 본다.

더불어 꼭 덧붙일 말이 있는데 이는 한국인에게는 퇴행적 무의식만이 존재한다는 것은 절대 아니라는 점이다. 한국인의 성격(혹은 무의식)에는 다른 나라 국민들이 따를 수 없는 많은 장점을 가지고 있다. 그러한 장점으로 인해 우리는 그간 세계에서 가장 빨리 민주 사회와 경제 발전을 이룩할 수 있었다. 다만 이 글에서 강조하고자 하는 것은 그러한 장점에도 불구하고 아직 우리 사회에 있어서 민주주의의 합리성을 만족시킬 수 있는 건전한 토론 문화의 부재, 그리고 사회 갈등의 비민주적 양태를 지적하고자 한 것이다. 그리고 보수와 진보의 갈등이 바로 이러한 퇴행성을 악화시켜 선진 사회로의 도약을 방해하고 사회적 통합을 저해하고 있음을 말하려고 한 것이다.

주

1) Daniel Bell, *The End of Ideology*, The Free Press, 1962.

2) Francis Fukuyama, "The End of History?", *The National Interest*, 1989, pp.3~18.

3) 김용신, 『문명비판 I: 정치철학과 정신분석학의 만남』, 명상, 2000, 208~215쪽.

4) Edmond Burke & J.C.D. Clark(EDT), *Reflections on the Revolution in France*, Stanford University Press, 2001; 장하수, 『보수와 혁신의 사회경제사상』, 혜화출판사, 1996, 13~16쪽.

5) Karl R. Popper, *Open Society and Its Enemies I*, Princeton University Press, 1966, pp.18~56; 김용신, 『문명비판 I』, 39~40쪽.

6) 포퍼가 궁극적 설명을 부정하고 있다 하더라도 그의 시행착오를 통한 점진적 사회 개혁 방법은 모름지기 진리의 존재 혹은 궁극적 설명이 가능한 상태를 완전히 부정하고 있지는 않다는 점에서 합리주의에 비판적이라는 수식어를 사용하고 있다고 할 수 있다.

7) Jay R. Greenberg and Stephen A. Mitchell, *Object Relations in Psychoanalytic Theory*, Harvard University Press, 1983. (프로이트의 본능이론은 pp.21~78 그리고 대인정신분석학에 대해서는 pp.79~115 참조); 김용신, 『문명비판 I』, 228~240쪽.

8) Jay R. Greenberg and Stephen A. Mitchell, *Object Relations in Psychoanalytic Theory*, pp.119~150; 김용신, 『문명비판 I』, 240~242쪽.

9) Calvin Hall, *A Prime of Freudian Psychology*, The New American Library, 1954, pp.22~35; 김용신, 『문명비판 II: 한국인의 잠재의식과 정치병리』, 명상, 2000, 47~48쪽.

10) Alexander Mitscherlich, *Society without Father*, A Hellen and Kurt Wolff Book, Harcout, Brace & World Inc., 1963, pp.126~127.

11) Janine Chasseguet-Smirgel, "Some Thoughts on the Ego Ideal: A Contribution on the Study of the 'Illness of Ideality'", *Psychoanalysis and Social Science*, Vol.45(July 1976), pp.345~373;

Janine Chasseguet-Smirgel, *The Ego Ideal*, W.W. Norton & Co. 1975 참고; Kim Yong Shin, *The Ego Ideal, Ideology, and Hallucination*, University Press of America, 1992, pp.43~46; 김용신, 『성리학자 기대승 프로이트를 만나다』, 예문서원, 2002, 74~91쪽.

12) Janine Chasseguet-Smirgel, "Some Thoughts on the Ego Ideal: A Contribution on the Study of the 'Illness of Ideality'", p.350, p.351, p.357, p.365, p.366, p.371.

13) Kim Yong Shin, *The Ego Ideal, Ideology, and Hallucination*, pp.46~50.

14) Kim Yong Shin, *The Ego Ideal, Ideology, and Hallucination*, pp.50~60; 김용신, 『문명비판 II』, 45~58쪽.

15) Eduard Bernstein, *Evolutionary Socialism*, (translated by Edith C. Harvey), Schocken Books, 1961, p.xiii(Introduction by Sydney Hook).

16) 「조선일보」(www.chosun.com) 2008.6.27.

17) Michael Sandel, *Liberalism and Its Critics*, New York University Press, 1984, p.3.

18) John Rawls, *Theory of Justice*, Oxford University Press, 1971, pp.3~4.

19) Michael Sandel, *Liberalism and Its Critic*, p.5.

20) Hannah Ardendt, *The Human Condition*, University of Chicago Press, 1958, pp.22~78.

21) 이학용, 『알기 쉬운 정치경제』, 율곡출판사, 2007, 43~44쪽.

22) 이학용, 『알기 쉬운 정치경제』, 44~47쪽.

23) 신자유주의는 1929년 미국의 경제공황 시 케인즈(John M. Keynes, 1884~1946) 이론에 근거한 정부의 개입이 오히려 효력을 발휘하지 못했음을 지적하고 나선 시카고 대학의 사회사상위원회(The Committee on Social Thought)의 멤버였던 하이예크(Friedrich Hayek)의 시장 질서를 강조하는 이론을 기초로 형성된 경제이론인데 아담 스미스(Adam Smith, 1723~1790)의 자율성을 재강조한다는 의미에서 신고전주의라고 부르기도 한다.

24) Anthony Giddens, *The Third Way: The Renewal of Social Democracy*, Polity Press, 1998.(기든스(Giddens)는 정부개혁과 공공부문의 쇄신, 긴축재정, 안정적 경제성장, 고용창출을 위한 노동시장의 활성화 등을 강조하고 있다.)

25) 김용신, 「지방화와 지방정치」, 『지방자치의 경영학』, 선학사, 1998, 275~276쪽.

26) 설봉식, 「지방자치와 지방의 세계화」, 『지방자치의 경영학』, 16~17쪽.

27) 조지프 스티글리츠, 송철복 옮김, 『세계화와 그 불만』, 세종연구원, 2002.

28) 「조선일보」 1959.8.1.; 「조선일보」(www.chosun.com) 2008.6.26.

29) 박노자, '한국인 정말 보수적인가?', 「한겨레신문」(www.hani.co.kr) 2008.6.19.

30) W.R. Bion, *Experiences in Groups and Other Papers*, Tavistock, 1961.

31) Maurice Duverger, *The Idea of Politics*, Methuen & Co., 1964.

32) 드루 웨스턴, 편집부 옮김, 『감성의 정치학(The Political Brain)』, 「뉴스위크」 한국판, 2007; 김용신, 『문명비판 II』, 194쪽.

33) Kim Yong Shin, *The Ego Ideal, Ideology and Hallucination*, pp.50~60.

34) Vamik D. Volkan, *The Need to Have Enemies and Allies*, Jason Aronson Inc., 1988.

35) '단박 인터뷰'(2008.6.18.), KBS 1TV.

36) '심야토론'(2008.6.29.), KBS 1TV.

37) Max Horkheimer, "Authority and Family", *Critical Theory* (translated by M. O'Connell), 1972, p.107, p.204.

38) Max Horkheimer, "Authority and family Today", *The Family: Its Function and Destiny*(edited by R. Anshen), 1949, pp.359~374.

39) Jessica Benjamin, "The End of Internalization: Adorno's Social Psychology", *Telos*, Vol.32(Summer 1972), p.54.

40) Alexander Mitscherlich, *Society without Father*, pp.269~270,

p.277, p.290.

41) Christopher Lasch, *Haven in Heartless World*, Basic Books Inc., 1977, pp.184~185; Christopher Lasch, *Culture of Narcissism*, A Warner Books, 1979.

42) Sophocles, *The Oedipus Plays of Sophocles*(edited and translated by Paul Roche), Nal Penguin Inc., 1958.

43) Richard Solomon, *Mao's Revolution and Chinese Political Culture*, University of California Press, 1971, pp.28~38; A.C. Scott, *An Introduction to the Chinese Theater*, Donald Moore, 1958.(원출처)

44) 중국의 쉬에 장군 이야기는 서양의 오이디푸스 왕 이야기처럼 근친상간의 소망(Incestuous Wish)은 포함하고 있지 않다. 그러나 부자간의 갈등에 있어서는 상기 두이야기가 대칭성을 보이고 있다고 할 수 있다. 이 점에 관해서는 Kim Yong Shin, *The Ego Ideal, Ideology, and Hallucination*, pp.76~80.

45) 프로이트의 동료였으나 결국 프로이트 정신분석학과는 다른 의견을 보인 스위스의 융(Carl Gustav Jung, 1875~1961)은 인간에게 시간과 공간을 뛰어 넘어 존재할 수 있는 인간으로서의 '원형(Archetype)'의 존재를 인정함으로서 집단무의식의 의미를 보다 확대 해석하고 있다. 융의 집단무의식에 관해서는 Anthony Storr, *Jung*, Pontan Press, 1973, pp.39~61 참고. 그리고 Frieda Fordham, *An Introduction to Jung's Psychology*, Penguin Books Ltd., 1966, pp.47~68.

46) 김용신, 『문명비판 II』, 72~142쪽.

47) Self Realization에 대해서는 Huntington Wright, *What Nietzsche Taught*, B.W. Huebsche, 1917 참조(특히 178쪽).

48) James Glass, *Shattered Selves: Multiple Personality in a Post Modern World*, Cornell University Press, 1993.

49) 김용신, 『문명비판 II』, 129쪽.

50) 김용신, 『문명비판 II』, 133쪽.

51) Douglas North, *Institutions, Institutional Change and Economic Performance*, Cambridge University Press, 1990.

참고문헌

김용신, 『문명비판 I: 정치철학과 정신분석학의 만남』, 명상, 2000.

김용신, 『문명비판 II: 한국인의 잠재의식과 정치병리』, 명상, 2000.

김용신, 『성리학자 기대승 프로이트를 만나다』, 예문서원, 2002.

김용신, 「지방화와 지방자치」, 『지방자치의 경영학』(설봉식 외), 선학사, 1998.

드루 웨스턴, 편집부 옮김, 『감성의 정치학(The Political Brain)』, 「뉴스위크」 한국판, 2007.

설봉식, 「지방자치와 지방의 세계화」, 『지방자치의 경영학』(설봉식 외), 선학사, 1998.

이학용, 『알기 쉬운 정치경제』, 율곡출판사, 2007.

장하수, 『보수와 혁신의 사회경제사상』, 혜화출판사, 1996.

조지프 스티글리츠, 송철복 옮김, 『세계화와 그 불만』, 세종연구원, 2002.

A.C. Scott, *An Introduction to the Chinese Theater*, Donald Moore, 1958.

Alexander Mitscherlich, *Society without Father*, A Hellen and Kurt Wolff Book, Harcout, Brace & World Inc., 1963.

Anthony Giddens, *The Third Way: The Renewal of Social Democracy*, Polity Press, 1998.

Anthony Storr, *Jung*, Pontan Press, 1973.

Calvin Hall, *A Prime of Freudian Psychology*, The New American Library, 1954.

Christopher Lasch, *Culture of Narcissism*, A Warner Books, 1979.

Christopher Lasch, *Haven in Heartless World*, Basic Books Inc., 1977.

Daniel Bell, *The End of Ideology*, The Free Press, 1962.

Douglas North, *Institutions, Institutional Change and Economic Performance*, Cambridge University Press, 1990.

Edmond Burke and J.C.D. Clark(EDT), *The Reflections on the Revolution in France*, Stanford University Press, 2001.

Eduard Bernstein, *Evolutionary Socialism*(translated by Edith C. Harvey), Schocken Books, 1961.

Francis Fukuyama, "The End of History", *The National Interest*, 1989, pp.3~18.

Frieda Fordham, *An Introduction to Jung's Psychology*, Penguin Books Ltd., 1966.

Hannah Arendt, *The Human Condition*, Chicago University Press, 1958.

Huntington Wright, *What Nietzsche Taught*, B.W. Huebsche, 1917.

James Glass, *Shattered Selves: Multiple Personality in a Post Modern World*, Cornell University Press, 1993.

Janine Chasseguet-Smirgel, *The Ego Ideal*, W.W. Norton & Co., 1975.

Janine Chasseguet-Smirgel, "Some Thoughts on the Ego Ideal: Contribution on the Study of the 'Illness of Ideality'", *Psychoanalysis and Social Science*, Vol.45(July 1976). pp.345~373.

Jay R. Greenberg and Stephen A. Mitchell, *Object Relations in Psychoanalytic Theory*, Harvard University Press, 1983.

Jessica Benjamin, "The End of Internalization: Adorno's Social Psychology", *Telos*, Vol.32(Summer 1972), pp.42~64.

John Rawls, *Theory of Justice*, Oxford University Press, 1971.

Karl R. Popper, *Open Society and Its Enemies I and II*, Princeton University Press, 1966.

Kim Yong Shin, *The Ego Ideal, Ideology, and Hallucination*, University Press of America, 1992.

Maurice Duverger, *The Idea of Politics*, Metheun & Co., 1964.

Max Horkheimer, *Critical Theory*(translated by M. O'Connell), 1972.

Max Horkheimer, "Authority and family Today", *The Family: Its Function and Destiny*(edited by R. Anshen), 1949.

Michael Sandel, *Liberalism and Its Critics*, New York University Press, 1984.

Richard Solomon, *Mao's Revolution and Chinese Political Culture*, University of California Press, 1971.

Sophocles, *The Oedipus Plays of Sophocles*(edited and translated by Paul Roche), Nal Penguin Inc., 1958.

Vamik D. Volkan, *The Need to Have Enemies and Allies*, Jason Aronson Inc., 1998.

W.R. Bion, *Experiences in Groups and Other Papers*, Tavistock, 1961.

큰글자 살림지식총서 081

보수와 진보의 정신분석

펴낸날	초판 1쇄 2013년 7월 31일

지은이	김용신
펴낸이	심만수
펴낸곳	(주)살림출판사
출판등록	1989년 11월 1일 제9-210호

주소	경기도 파주시 문발동 522-1
전화	031-955-1350 팩스 031-624-1356
기획 · 편집	031-955-4662
홈페이지	http://www.sallimbooks.com
이메일	book@sallimbooks.com

ISBN	978-89-522-2720-1 04080

※ 이 책은 큰 글자가 읽기 편한 독자들을 위해
　 글자 크기 15포인트, 4×6배판으로 제작되었습니다.